马小强 著

产业结构转型升级

INDUSTRIAL STRUCTURAL TRANSFORMATION AND UPGRADING

如何影响就业结构和收入分配

Impacts on Employment Structure and Income Distribution

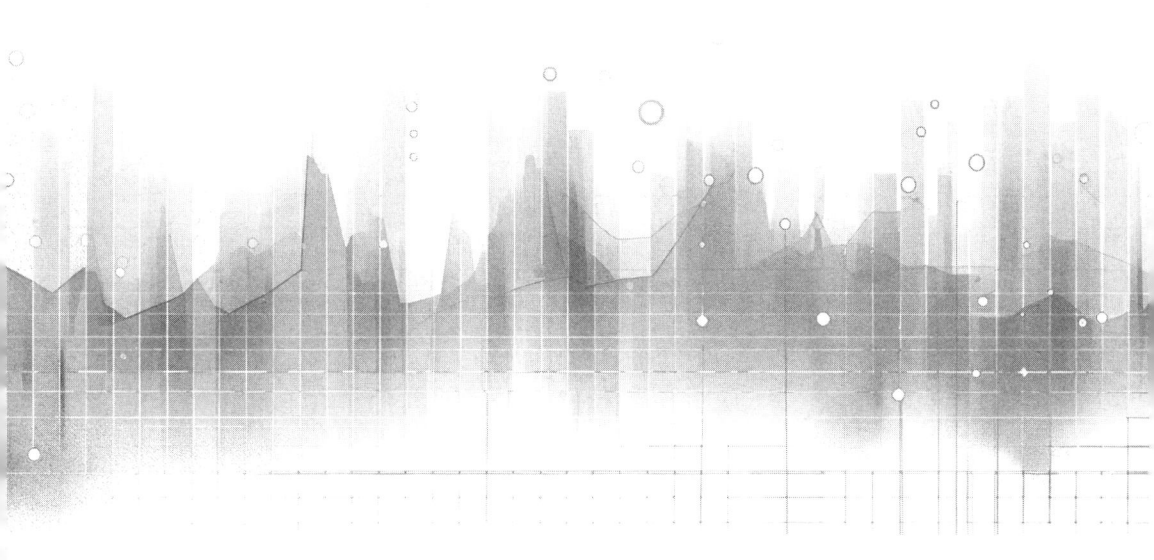

社会科学文献出版社
SOCIAL SCIENCES ACADEMIC PRESS (CHINA)

感谢"中共江苏省委党校(江苏行政学院)马克思主义理论教学和研究创新工程"的资助。

摘　要

当前中国各地区已普遍进入由制造业向服务业转型升级的进程。由于中国服务经济发展起步较晚，现有的关于中国产业结构转型升级对就业结构及收入分配影响的研究成果还相对较少。在此基础上开展的实证研究更显不足。为客观反映近年来服务化的产业结构转型升级进程给中国东部地区和中西部地区就业结构及收入分配带来的现实影响，本书依托中国家庭入户调查数据（CHIP）和相关省份年鉴数据，在地区比较基础上对上述问题进行了实证研究。

回顾发达国家当初由制造业向服务业转型升级的历程，欧美国家类似进程启动于20世纪60年代末到70年代初，而日本则是在20世纪80年代初启动的。受益于当时后工业化促成的要素禀赋优势重构、全球化带来的产业链国际分工，以及新兴产业推动的跨行业技术进步，发达国家产业结构转型升级的进程一方面在使得低收入端就业质量恶化的同时，保证了社会就业的总体稳定；另一方面在引起收入分配两极分化的同时，维持了平均工资的持续增长。

聚焦中国各地区由制造业向服务业转型升级的现实进程，由于中国并不完全具备上述发达国家产业结构转型升级之初的有利条件，因此对服务化的产业结构转型升级进程究竟将给中国各地区就业结构及收入分配带来怎样的现实影响，还应立足国情展开具体研究。需要说明的是，书中界定的产业结构主要聚焦于产业关联维度，在此基础上界定的产业结构转型升级又具体表现为三次产业顺序演进，这与经常遇到的产业结构转变概念是一致的。

本书共六部分。导论部分首先介绍了选题的研究背景和意义，接着对该选题下的关键问题和研究方法进行了归纳，之后是对研究思路和创新之处进行的说明，最后形成全书的逻辑框架。

第一章首先对书中涉及的相关概念进行了界定，具体包括产业结构的内涵、产业结构转型升级的内涵、就业结构的外延以及收入分配的外延；接着是对产业结构转型升级理论进行的归纳与演绎，包括效率驱动论、结构干预论，以及比较利益论；随后在回顾就业影响的理论渊源基础上，将产业结构转型升级对就业结构影响的研究理论归纳为就业破坏论和就业创造论；最后就国内外关于产业结构转型升级对收入分配影响的研究成果进行了回顾。

第二章到第四章是本书的实证研究部分。其中，第二章围绕产业结构转型升级的就业结构影响进行实证研究，第三、第四章则分别围绕产业结构转型升级对收入分配的静态、动态影响开展实证研究。在收入分配影响的研究中，所得结论能够与就业结构研究部分互为支撑，这是因为分配结构和就业结构是共同嵌套在经济结构系统当中的。从系统论的角度出发，为确保各地区社会就业稳定、平均收入增长这两大宏观目标的实现，研究结论都指向各地区应走向适合自身的差异化产业结构转型升级之路。

第五章是对本书研究做出的总结以及政策建议和研究展望。从实证结果来看，由于产业基础和人力资本在中国东部和中西部地区之间存在明显差异，尽管服务化的产业结构转型升级进程可以为东部地区扩大就业、推动平均工资增长做出贡献，但贸然推进服务化进程可能使得中西部地区落入中国经济增长前沿课题组定义的"产业结构演进无效率"通道当中。为此，本书建议各地区要充分尊重产业结构演进的一般规律，避免给社会就业和收入分配带来不利影响。

具体而言，在分工演进和人力资本积累的基础上，东部沿海地区可优先发展服务业或先进制造业，但要对自主发展和融合发展给予足够重视；中西部地区在当前阶段还应继续倚重制造业内部的挖潜改造，为将来服务化的产业结构转型升级打下坚实的基础。在此基础上，各地区应对以下方面给予足够的重视：注重两类服务业协调发展；对贫困人口规模扩大有所准备；重视产业结构转型升级区域轮动；划清政府边界；引导人力资本积累。

目 录

导 论 ………………………………………………………… 1

第一章 概念界定和文献综述 …………………………… 15
    第一节 相关概念的界定 ………………………………… 15
    第二节 产业结构转型升级理论归纳与演绎 …………… 20
    第三节 产业结构转型升级对就业影响的文献综述 …… 30
    第四节 产业结构转型升级对收入分配影响的综述 …… 35

第二章 产业结构转型升级对就业结构的影响 ………… 39
    第一节 产业结构与就业结构变动趋势描述 …………… 39
    第二节 产业结构转型升级的方向和速度区分 ………… 51
    第三节 转型升级就业结构影响模型的推导和设定 …… 58
    第四节 转型升级对就业结构影响的实证评估 ………… 64
    第五节 本章小结 ………………………………………… 78

第三章 产业结构转型升级对收入分配的静态影响 …… 81
    第一节 数据描述和特征差异分析 ……………………… 82
    第二节 产业间收入差距与服务业收入分化 …………… 88
    第三节 劳动力构成要素作用于收入分配的影响机制 … 94
    第四节 回报差异和变量差异对收入分配
           贡献程度的度量 ………………………………… 109
    第五节 本章小结 ………………………………………… 120

1

附　录 …………………………………………………… 122

第四章　产业结构转型升级对收入分配的动态影响 ……… 125
　　第一节　动态条件下收入分配的变化趋势 ………………… 125
　　第二节　工资收入分位数回归模型的构建与实证 ………… 137
　　第三节　产业内回报差异和变量差异的跨期演变 ………… 140
　　第四节　产业间回报差异和变量差异的动态比较 ………… 154
　　第五节　本章小结 …………………………………………… 163
　　附　录 ………………………………………………………… 166

第五章　研究结论、政策建议和研究展望 ………………… 173
　　第一节　主要研究结论 ……………………………………… 173
　　第二节　相关政策建议 ……………………………………… 176
　　第三节　未来研究展望 ……………………………………… 179

参考文献 ………………………………………………………… 182

致　谢 …………………………………………………………… 195

导　论

任何国家或地区的产业结构转型升级进程，最终都要以影响整个社会福利的就业结构和收入分配作为主要评价标准。由于转型升级之初内部要素禀赋和外部经济环境的差异，相似进程往往会给不同国家或地区的就业结构和收入分配带来巨大的差异化影响。当前中国各地区已进入由制造业向服务业转型升级的普遍进程中，在大量客观数据基础上，本书希望借助实证方法梳理分析上述进程给中国各地区带来了怎样的现实影响。

一　研究背景和研究意义

（一）研究背景

当前中国经济发展正面临诸多新情况，在经济增长速度放缓的背景下，如何通过经济结构调整持续稳定就业，并促进居民平均工资增长，已成为重要的研究命题。面对新的经济发展要求，转变产业结构作为经济结构调整的重要举措，正日益引起广泛关注。在与其相关联的研究领域中，就业结构和收入分配这两大问题，不仅关系产业结构转型升级能否有效推进，更关系社会稳定大局能否切实得到保证，因此，开展对就业结构与收入分配的影响研究有着迫切需要。

从发达国家经验来看，西方先行工业化国家与中国当前类似的产业结构转型升级窗口出现在 20 世纪 70 年代。这些国家的转型升级过程，曾在城市内部给就业、收入分配带来巨大影响。有学者曾将背后原因归结为转型升级前后社会经济形态和生产组织方式的巨大转换（Sassen，

2012）。具体来说，工业化社会所建立的经济制度是以大宗生产和大众消费为主体的，而当城市服务经济崛起的时候，以灵活生产和个性消费为主体的新经济制度开始取而代之。值得注意的是，这种经济制度间的巨大转换已在中国城市启动。

本书理论体系的核心，是关于产业结构转型升级理论的适用性问题，即研究中国产业结构转型升级对就业结构与收入分配的影响，到底应以何种转型升级理论作为判断视角。本书将之前有关产业结构转型升级的理论归纳为三种理论：第一种是聚焦先行工业化国家经济增长的"效率驱动论"，第二种是聚焦新兴工业化国家经济发展的"结构干预论"，第三种是全球分工背景下产业结构升级的"比较利益论"。然而本书发现，基于这些理论背景对书中选题展开研究将会陷入被动。这首先表现在巨大分歧下的理论被动上。

第一种理论来自对发达国家百年历程的总结，因而难以满足后发工业化国家对经济迅速发展的需求。第二种理论在不同程度上源自经济大萧条之后对政府干预的推崇，然而该理论除在少数国家获得成功外，在绝大多数发展中国家并没有在就业和收入分配上带来多大的真正福祉。第三种理论源自"要素禀赋比较优势理论"，但在当下同样面临着批评。如有人批评该理论将使得发展中国家长期陷于产业结构层次低下、国家贫穷落后的泥潭。需要指出的是，这种批评表明学术研究在要素禀赋比较优势方面认识的滞后。

林毅夫（2012a）扬弃了斯密（Adam Smith）、李嘉图（David Ricardo）、赫克歇尔（Eli Heckscher）、俄林（Bertil Ohlin）等古典要素禀赋比较优势论代表人物关于市场自由放任的主张，并在此基础上提出了"新结构经济学"（这种叫法也招致了认为其过分夸大政府作用的误解，因为该理论本身与上述结构干预论实则分野明显），或本书所称的"新古典要素禀赋比较优势论"。这项研究确实推进了比较优势论的研究，然而如果将本书选题建构在该理论的基础上，前述理论被动又会表现为经济转换下的现实被动。

上述现实被动，源自当前全球经济新趋势背景下，各国家或地区经济发展所依靠的要素禀赋比较优势已经开始转换。这种转换至少表现在两个方面：首先，当今经济全球化的参与主体，已由国家或地区向跨国公司转换，全球城市的空间载体功能正在显著增强；其次，经济全球化的表现内容，正在由大工业时代以商品为主向服务经济时代以服务为主进行转换，知识经济的全球扩散效应已经势不可挡。这显示"知识"已开始进入全球分工的基础体系，并将成为跨国公司争夺的主要对象。更为重要的是，知识的载体正是人力资本。

鉴于上述全球经济新特征，本书认为相对于土地、劳动力、自然资源等传统要素禀赋比较优势而言，人力资本比较优势将成为全球经济新趋势下各国家或地区（城市成为主要空间载体）产业结构转型升级战略的选择基础。后文将沿着这种转型升级的评判视角，展开对当下中国城市产业结构转型升级对就业结构与收入分配的影响研究。需要提及的是，这种视角已逐渐在各领域引起反响。

最后需要交代的是，本书对当前产业结构转型升级的研究，聚焦制造业向服务业转型。这是因为，过去40多年中，得益于全球化引起的产业链国际分工以及改革开放释放的阶段性人口红利，中国产业结构转型升级已经表现为由落后农业国向制造业大国的转变。但在经过40多年的快速发展之后，目前情况类似于欧美国家20世纪60年代末、70年代初，以及日本80年代初的局面，中国产业结构已进入由制造业向服务业转变的新阶段。因此，当前普遍的服务化产业结构转型升级进程成为本书的研究背景。

（二）研究意义

承上所述，在中国经济发展新的背景下，迫切需要开展产业结构转型升级对就业结构与收入分配的影响研究。然而就像在经济发展源泉研究中存在的争鸣一样，对产业结构转型升级理论的研究也存在显著分歧。因此要想准确把握上述重大现实问题，就必须同时站在历史和发展的角度，首先对能够准确把握当前问题的转型升级理论进行辨识。只有在此基础上，才能进一步对产业结构转型升级进程分别给就业和收入分配带来的影响做出准确判断。为此，本书首先对经典产业结构转型升级理论进行了细致归纳，并融合全球经济新趋势，提出"人力资本比较优势假说"，此为本书研究的理论意义。

值得注意的是，在中国产业结构转型升级伊始强调人力资本的重要意义，与西方先行工业化国家当初的进程相比较，呈现巧妙的时代吻合特征。发达国家产业结构转型升级于 20 世纪 70 年代陆续启动。而在此之前的 60 年代，正好是西方经济学有关人力资本研究的高潮。西奥多·舒尔茨（Thodore W. Schultz, 1961）、加里·贝克尔（Gary S. Becker, 1964）的经典文献都是在此时期出现的。虽然还无法在两者之间建立直接的因果联系，但在此之后不久发达国家相继迎来了新技术产业革命并进行了产业链全球转移是不争的事实。人力资本比较优势成为背后重要的推动力量，这也是本书理论意义的主旨所在。

在本书选题范围内，如下问题可能会引起各方面广泛的兴趣。例如，在就业方面，各地区普遍的服务化产业结构转型升级进程将对本地区就业造成何种影响？人力资本水平显著异化的两类服务业（生产性服务业和生活性服务业）在就业带动方面究竟有多大差别？此外，在收入分配方面，服务业相对制造业使得收入分配缺口缩小还是拉大？各地区如果都选择相似的服务化转型升级战略将给收入分配带来怎样的差异化影响？诸如此类问题，书中以上述人力资本比较优势假说作为判断视角，对这些问题进行了深入研究，并从中得到了多项具有重要参考价值的研究发现。此为本书的现实意义。

在未来产业结构转型升级进程中，有关政府与市场间的关系问题，本书也得出了具有一定参考意义的研究结论。第一章归纳的结构干预论在 20 世纪 70~80 年代宣布失败，表明过分强调政府作用存在着巨大的风险。回顾西方先行工业化国家转型升级历程，这些国家在 70 年代迎来转型升级窗口之时，正是新自由主义取代凯恩斯主义开始大行其道之际。然而，考虑到随后归纳的古典要素禀赋比较优势论在当今全球经济新趋势背景下,有可能使发展中国家长期陷于产业结构低下、国家贫穷落后的泥潭,因此推崇市场自由放任的主张也并不适合像中国这样的发展中大国。

在此问题上,本书认为市场应发挥推动转型升级的基础性作用,同时政府应甄别新阶段产业发展的核心要素禀赋,突出因势利导而非强行主导的能动作用。上述有关政府与市场间关系的定位,与林毅夫(2012a)新结构经济学(书中将其称为"新古典要素禀赋比较优势论")有关政府与市场关系的研究结论较为接近,但是本书进一步明确了当前阶段核心要素禀赋究竟是什么的问题。面对知识经济开始加速发展带来的全球分工新框架,本书认为未来产业结构转型升级所凭借的核心要素,将逐步体现为人力资本。这就要求政府应将因势利导功能着眼于人力资本提升,而非土地、劳动力、自然资源等传统要素禀赋挖潜改造。以上为本书研究的现实意义。

二 关键问题和研究方法

(一) 关键问题

本书不仅关注当前研究理论的适用性问题,更关注经济发展的现实性问题。因此,本书的关键问题既表现为理论层面的,也表现为发展层面的。

理论层面的关键问题是:在中国经济发展新格局和全球经济新趋势背景下,到底什么样的产业结构转型升级理论才是最终能确保中国经济成功跨越后工业化阶段的有效理论?

发展层面的关键问题是:当前为各级政府普遍采纳的服务化产业结构转型升级战略,将给各地区就业带来怎样的影响,同时给各地区收入分配带来怎样的影响?

上述就业领域的关键问题,可进一步分解为如下细分问题。首先,各地区服务化转型升级方向呈现怎样的就业影响效应?其次,各地区服务化转型升级速度呈现怎样的就业影响效应?最后,服务业中人力资本逐渐异化的两类行业（书中区分为生产性服务业和生活性服务业）又呈现怎样的就业影响差异？

而收入分配领域的关键问题也可进行深度剖析。如静态研究中的相应问题可分解为：首先，服务业相对制造业使得收入分配缺口缩小还是拉大？其次，产业结构转型升级过程中各劳动力要素作用于未来城市收入分配的一般规律是什么？再次，服务业相对制造业工资差异主要是由行业回报差异造成的还是由人力资本差异造成的？最后，各地区如果都选择相似的服务化转型升级战略将对收入分配带来怎样的差异化影响？

同样在收入分配领域，动态研究中的关键问题可分解为：首先，服务业与制造业相比出现的工资收入两极分化现象，正呈现怎样的地区变化趋势？其次，各地区产业内整体回报差异和人力资本差异，随着时间推移已呈现怎样的演变趋势？最后，各地区产业间行业回报差异和人力资本差异，随着时间推移又呈现怎样的变动趋势？

（二）研究方法

由于本书关注当前中国产业结构转变进程中服务化产业结构转型升级进程将给就业结构与收入分配带来何种影响等重大现实问题，因此，书中务求以有效理论为支撑，用客观数据来描述。基于这种定位，本书广泛吸纳各领域中较为前沿的研究方法，对本书选题进行了扎实研究。为清晰显示这些方法，总结绘制了示意图，如图1所示。

图1中相关符号表征意义如下：ESAC 代表就业结构超前系数；DDIE 代表产业就业结构偏离度；DTU 代表产业结构转型升级方向指数；STU 代表产业结构转型升级速度指数；K-Value 代表产业结构变动值；M-Value 代表 Moore 结构变动值；CDF 代表柯布-道格拉斯函数；HRM 代表层级回归；GSL 代表广义最小二乘法；G-Coefficient 代表基尼系数；Mincer1973 方程代表明赛尔 1973 年提出的工资收入-人力资本经典方程；QRM 代表分位数回归；MM2005 代表 Machado 和 Mata 于 2005 年提出的反事实分解法；R-Language 代表 R 语言编程技术。由于上述

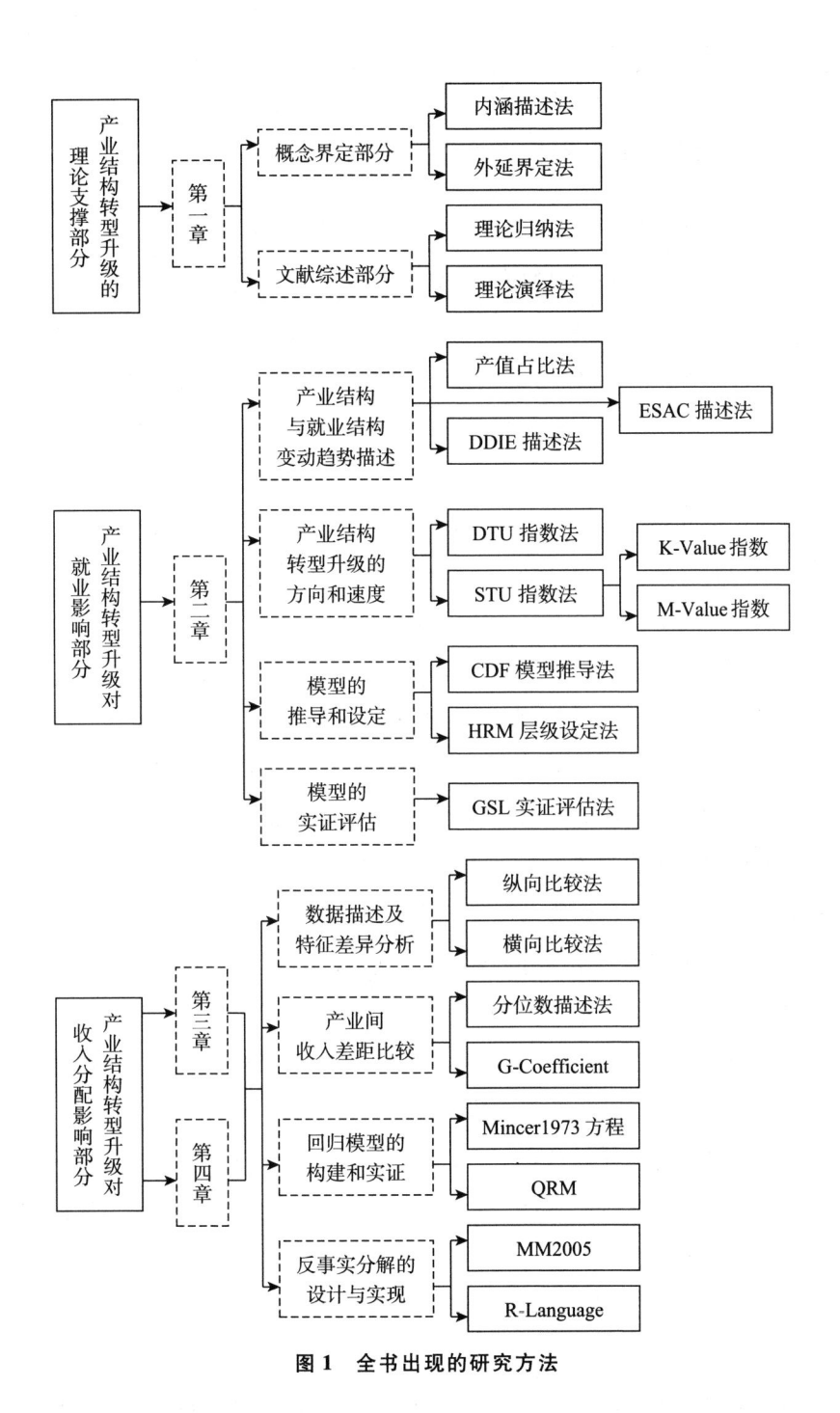

```
产业结构转型升级的理论支撑部分 ──→ 第一章 ┬── 概念界定部分 ┬── 内涵描述法
                                        │                 └── 外延界定法
                                        └── 文献综述部分 ┬── 理论归纳法
                                                          └── 理论演绎法

产业结构转型升级对就业影响部分 ──→ 第二章 ┬── 产业结构与就业结构变动趋势描述 ┬── 产值占比法 ── ESAC 描述法
                                           │                                    └── DDIE 描述法
                                           ├── 产业结构转型升级的方向和速度 ┬── DTU 指数法 ── K-Value 指数
                                           │                                └── STU 指数法 ── M-Value 指数
                                           ├── 模型的推导和设定 ┬── CDF 模型推导法
                                           │                    └── HRM 层级设定法
                                           └── 模型的实证评估 ── GSL 实证评估法

产业结构转型升级对收入分配影响部分 ──→ 第三章/第四章 ┬── 数据描述及特征差异分析 ┬── 纵向比较法
                                                      │                           └── 横向比较法
                                                      ├── 产业间收入差距比较 ┬── 分位数描述法
                                                      │                       └── G-Coefficient
                                                      ├── 回归模型的构建和实证 ┬── Mincer1973 方程
                                                      │                         └── QRM
                                                      └── 反事实分解的设计与实现 ┬── MM2005
                                                                                  └── R-Language
```

图 1　全书出现的研究方法

方法在书中相应位置都会给出详细说明，此处不再赘言。

三 研究思路和创新之处

(一) 研究思路

研究产业结构转型升级对就业结构与收入分配的影响，最为重要的是：其一，明确产业结构、就业（结构）、分配（结构）之间的对象逻辑关系，以确立研究边界；其二，辨识与当前产业结构转型升级相契合的理论基础，以明晰判断视角。在上述基础上，再进一步展开产业结构转型升级分别对就业结构与收入分配影响的实证研究。通过前述理论研究与实证研究相结合，本书最后针对书中选题提出有效的研究建议。纵览全书，研究思路可归纳为"界定研究概念并辨识理论基础—产业结构转型升级对就业的影响研究—产业结构转型升级对收入分配的影响研究（静态比较）—产业结构转型升级对收入分配的影响研究（动态趋势）"。

具体来看，"界定研究概念并辨识理论基础"对应书中第一章"概念界定和文献综述"。第一章研究思路沿着"相关概念的界定—产业结构转型升级理论—产业结构转型升级对就业影响的文献综述—产业结构转型升级对收入分配影响的综述"具体展开。其中，"相关概念界定"部分，分别对产业结构的内涵、产业结构转型升级的内涵、就业结构的外延、收入分配的外延进行了界定。需要指出的是，产业结构是嵌套在经济结构当中的，并时刻与其中的分配、交换、消费，以及就业、技术、金融结构处在相互作用中。本书首先选择分配结构和就业结构作为研究对象，正是源于这一逻辑体系。

产业结构转型升级对就业的影响研究对应书中第二章。由于目前在此领域研究中，就业创造论和就业破坏论这两种声音针锋相对，因此本章务求以客观数据为基础，对当前服务化的产业结构转型升级进程给各地就业结构造成的影响进行实证研究。在实证研究基础上再进一步根据当前产业发展趋势，对未来影响进行了合理的趋势外推。本章的研究思路是沿着"描述变动趋势—定义转型升级—构建计量模型—分析回归结果"依次展开的。书中将转型升级进一步区分为转型升级的方向和速度两个维度，以分别显示其给就业结构带来的影响。

产业结构转型升级对收入分配的影响研究（静态比较）对应书中第三章。需提前简要说明的是，由于本章主要关注服务化转型升级进程将给收入分配带来的影响，因此本章研究是以制造业向服务业转变趋势下的产业比较视角展开的（后文第一章将对此研究视角做出详细说明）。作为继研究产业结构转型升级对就业影响之后，聚焦转型升级对收入分配影响而展开的首章内容，本章撰写思路沿着"数据描述—产业间工资收入分布特征计算—转型升级下劳动力各构成要素影响收入分配的机制探析—转型升级下影响收入分配的核心因素差异分解"逐步展开。

产业结构转型升级对收入分配的影响研究（动态趋势）对应书中第四章。这一章是对第三章研究内容的进一步拓展，是第三章产业结构转型升级对收入分配的静态影响研究之后，关于动态条件下产业结构转型升级对收入分配影响的再研究。静态研究虽然发现了转型升级过程中不同产业收入分配方面的特征差异，却无法进一步显示这些特征差异的发展变化趋势。因此本章借助连续数据，对上述特征差异进行了追踪。本章研究思路可描述为"收入分配动态趋势描述—分位数模型构建与实证—产业内相关差异跨期演变—产业间相关差异动态比较"依次展开。

（二）创新之处

首先，从观察问题的角度看，本书始终关注当前国内外经济发展出现的新情况。

在此之前，国内外在产业结构问题、就业问题以及收入分配问题方面已经形成了丰富的研究成果。然而随着我国经济发展进入新阶段，当前服务化的产业结构转变进程，又将分别给各地区就业、收入分配带来怎样的影响？针对这一问题开展的学术研究还鲜有出现。本书认为这主要是由于服务经济在中国发展起步较晚，因此对其背后经济规律的把握困难重重，进而严重制约了在就业、收入分配等领域学术研究的深入。

工业化社会建立了以大宗生产和大众消费为主体的经济制度，然而伴随着服务经济的到来，上述经济制度将逐步被以灵活生产和个性消费为主体的全新经济制度所取代，进而引起社会经济形态和生产组织方式的巨大变革。这种新情况已在中国悄然发生。

可以认为，前述研究视角还主要是从西方先行工业化国家转型升级经验总结而来。那么在知识经济加速推进这一全球经济新趋势背景下，中国推动的产业结构转型升级以及由此带来的就业、收入分配影响又将呈现怎样的新特征？本书认为至少在两个方面已经显现出的剧烈转换，将深刻影响全球分工体系在未来的重构：一是经济全球化的参与主体正在由民族国家或地区向跨国公司转换，全球城市的地域载体功能正在显著上升；二是经济全球化的表现内容正在由重转轻，虚拟形态商品在全球贸易中的地位不断强化。这标志着知识开始取代土地、劳动力、自然资源等传统要素进入全球分工的基础体系，而知识的存在形式正是人力资本。这种情况在全球范围内还有进一步强化的趋势。

其次，从思考问题的基础看，本书在前人研究成果基础上进行了必要外推。

本书借助理论归纳方法，对与产业结构转型升级有关的代表性理论进行了认真梳理。虽然这些理论分散在政治经济学、发展经济学、产业经济学等多个经济学领域且结论不一，但通过回溯这些理论背后的思想渊源，还是可以将其进行大致归纳。前文研究背景部分以及后文文献综述部分，都说明效率驱动论和结构干预论均难以用于指导当前中国产业结构转型升级实践。早期比较利益论过度推崇自由放任的市场态度，容易导致发展中国家在全球分工体系中长期结构失衡，因此局限同样明显。林毅夫（2012a）的新结构经济学对发展中国家工业化实践有着深刻的理论和操作意义，但若从前述研究视角来看，这项研究用于解释面向未来的转型升级问题还稍显不足。

本书引入"人力资本比较优势假说"，并上升为判断产业结构转型升级影响的理论基础，从而得以将转型升级对分配、交换、消费、就业、技术和金融结构的影响研究重新打通。这打开了当前阶段研究产业结构转型升级问题的新空间，进而可以为政府层面转方式调结构提供丰富的学术支持。比如，若将"金融结构"作为关系客体，研究产业结构转型升级对金融结构的影响，在金融体系如何支持分工协作深化中的小微企业创新问题上，就具有深入研究的价值。再比如，若将"消费结构"作为关系客体，研究产业结构转型升级对消费的影响，在消费领域如何推动与人力资本提升有关的消费扩大问题上研究亦显迫切。本书将首先选择产业结构转型升级对就业结构与收入分配的影响展开研究。

最后，从研究问题的方法看，本书在借鉴的基础上进行了一定拓展。

针对产业结构转型升级对就业的影响问题，已有较多文献借助产值占比、就业结构超前系数、产业就业结构偏离度、产业结构转型升级方向指数、产业结构转型升级速度指数、产业结构变动值、Moore结构变动值、柯布-道格拉斯函数和层级回归模型，对上述问题展开研究。本书此处难以称为创新。本书的边际贡献是，深度融合上述研究方法，为今后开展当前阶段背景下产业结构转型升级对就业的影响研究，构建起一个较为完整的方法体系。这些方法在本书中不是孤立存在的，而是表现出良好的前后印证关系。这确保了在相关问题得以解释的同时，增强了本书对整个就业影响问题的解释力。

此外，书中第三、第四章研究产业结构转型升级下的收入分配影响问题。核心研究方法包括分位数回归、反事实分解和R语言编程。目前分位数回归法已成为研究收入分配问题的主流方法之一，反事实分解法则是近年来才陆续在相关文献中出现的，而R语言编程技术作为当今大数据分析的前沿技术，在收入分配研究领域还鲜有应用。更为重要的发现是，反事实分解法通过对产业间工资收入总差异时间趋势的追踪，为产业结构转型升级背景下人力资本比较优势的定量研究提供了全新的方法。

四 逻辑框架

基于前文研究思路，全书逻辑框架可以用图2进行描述。参照图2，首先对本书研究对象的逻辑关系说明如下：本书重点研究的"产业结构转型升级"（即产业结构高级化），与研究之外的产业结构协调平衡（即产业结构合理化），属于"产业结构调整优化"的两大范畴。而"产业结构调整优化"与分配结构、交换结构、消费结构调整优化，以及就业结构、技术结构、金融结构调整优化等问题，共同嵌套在"经济结构转型升级"问题当中。

随着中国经济发展过程中经济增速放缓、就业压力增大、收入增长乏力等诸多结构性问题的相继出现，开展经济结构之下各结构模块间互动关系的研究已显得十分迫切。此外，"经济结构转型升级"与经济体制机制更新、经济增长方式转换等问题一起构成了"经济转型升级"问题。在上述研究对象逻辑关系下，本书选择从结构角度切入并展开研究。选题所涉及研究对象的逻辑框架由图2中粗体对象衍生而成。

选题中关系客体包括就业（结构）、分配（结构）两大领域。图2表明，这两大结构与产业结构一道作为经济结构的主要构成部分，彼此之间是相互制约、相互作用的。因此需要说明的是，虽然正文当中也偶尔涉及就业结构、分配结构对产业结构转型升级的影响问题，但本书始终坚持后者对前两者的影响问题。而关于前一种角度的研究，作为相互关系的相反层面问题，目前研究成果也已开始陆续出现。

此外，图2虚线方框部分，反映的是本书针对产业结构转型升级理论进行的归纳。站在今天的角度，按照相关理论影响的远近关系，书中将这些理论大致归纳为三部分。而由于第三部分"比较利益论"今天正面对激烈的抨击误区，书中将其进一步划分为三个维度。最后需要说明的是，书中除了围绕上述研究对象搭建起一个逻辑框架外，还因为始终关注研究问题的内在联系，从而埋下了另外一个以研究问题为导向的逻辑框架，如图3所示。

图 2 研究对象逻辑框架

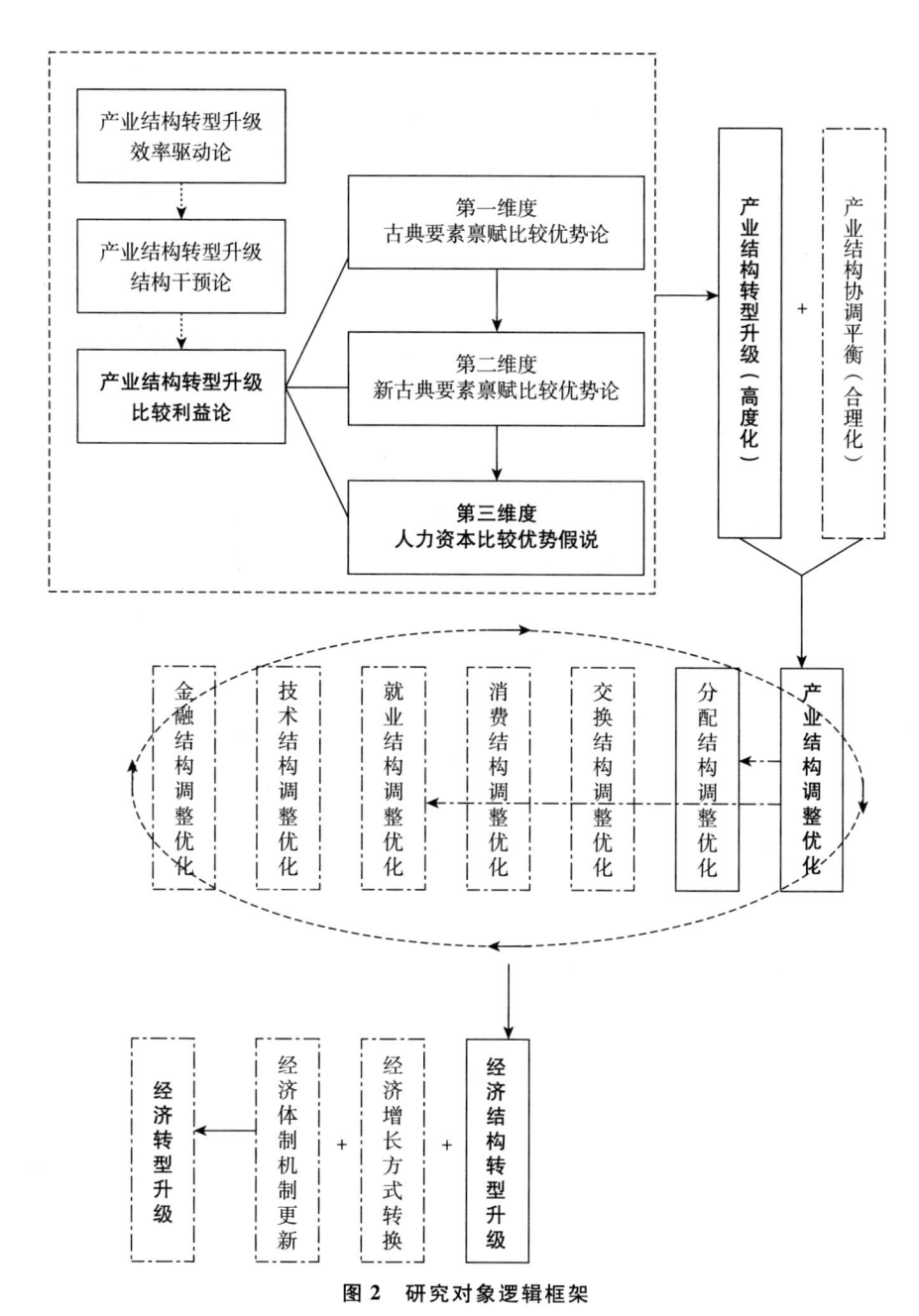

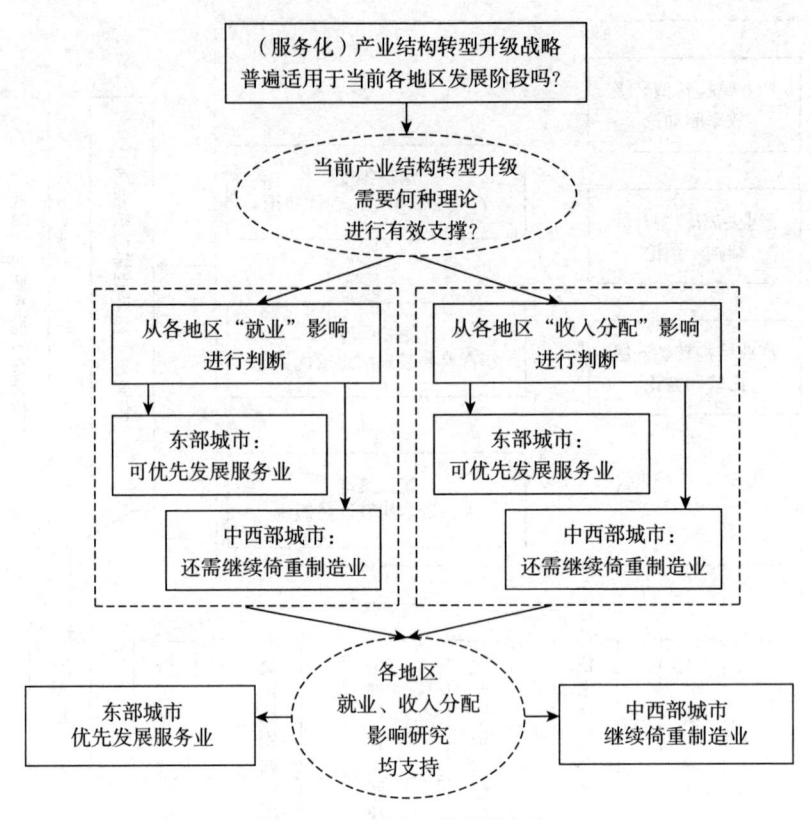

图 3　问题导向下的逻辑框架

第一章 概念界定和文献综述

本章内容分为四节。其中，第一节内容分别对产业结构的内涵、产业结构转型升级的内涵、就业结构的外延和收入分配的外延进行了界定。第二节内容通过回溯产业结构转型升级相关理论背后的思想本源，将这些理论大致归纳为效率驱动论、结构干预论和比较利益论三种体系。此外，鉴于比较利益论当前常常遭遇以偏概全的抨击，书中进一步将此体系内相关理论划分为两个维度，并在此后对第三维度进行了演绎。

第一节 相关概念的界定

本书研究产业结构转型升级分别对就业、收入分配的影响，鉴于不同文献对产业结构转型升级的内涵，以及就业和收入分配的外延在认识上存在差异，因此本书首先对相关概念进行界定。

一 产业结构的内涵

"结构"是指某个整体的各个组成部分按照一定规律进行搭配和排列时所呈现的状态。综合前人研究成果，本书认为基于对整体认知的不同，产业结构的内涵可以在三个维度上进行归纳，即"产业关联维度"、"经济系统维度"和"全球分工维度"。

首先，产业关联维度下的归纳。在产业结构概念出现之初，产业结构既可以用来描述产业之间的技术经济联系和企业组织关系，又可以用来描述产业内部的技术经济联系和企业组织关系。例如，中国第一部产业经济辞典《现代产业经济辞典》就将产业结构定义为"各产业部门之间、各产业部门内部相关行业及企业间的构成及其相互制约的连接关系"。而随着产业经济学的不断发展，在今天的产业经济学教材中，已经普遍将产业结构界定为产业之间的关联结构（杨治，1985；苏东水，2000；刘志彪，2009）。

其次，经济系统维度下的归纳。该维度下对产业结构内涵的界定已上升到系统论层面，从而摆脱了就产业结构论产业结构的局限，并与其他经济现象得以普遍联系。例如，周振华（1991）认为在整个经济全局系统中，产业结构是作为有别于分配结构、资源结构、需求结构等，而又与其相互作用的子系统存在的。其中，产业结构通过输入资源与资源结构相对应，通过输出产品与需求结构相对应，而通过资源向产品的转换又与分配结构相对应。

最后，全球分工维度下的归纳。随着全球化引起的产业链国际分工逐渐深入，对于产业结构内涵的认知已越来越难以摆脱全球化的影响。朱明春（1990）认为，产业结构问题归根结底是一个资源配置问题。鉴于20世纪70年代以来全球范围内各类生产资源的权利越来越向跨国公司集中，进而削弱了数百年来国家或地区在全球资源争夺中的主体地位，因此，全球化背景下的产业结构愈加表现为跨国公司主导下基于产业链全球分工而形成的关联结构。全球化将给传统产业结构理论带来巨大挑战。

需要指出的是，在不同维度上对内涵进行的归纳可以衍生出多种不同的表现形式。例如，在产业关联维度上，可以将产业结构按三次产业类型进行划分；在经济系统维度上，可以将产业结构按协调型或失衡型进行划分；而在全球分工维度上，则可以将产业结构按照劳动密集型、资本密集型、知识密集型，又或者按照中间制造型、两端研发销售型等进行划分。鉴于本书主要关注当前中国经济发展背景下服务化转型升级进程给就业、收入分配带来的影响，因此，书中将以Fisher（1935）提出的三次产业划分为基础展开研究。在此基础上，在就业部分的分析中还进一步将服务业划分为生产性服务业和生活性服务业两种类型。

二 产业结构转型升级的内涵

"转型"是指事物的结构形态、组织方式发生根本性转变的过程。不同转型主体当前所处状态和环境承载能力的差异，决定了转型将走向多元化。其中，环境又主要包括历史环境、资源环境和制度环境等。"升级"则是指事物的结构形态、组织方式由低级形态向高级形态演进的过程或趋势。由于升级对各类环境承载能力要求较低，因此相比转型，升级过程更为普遍。在对产业结构转型升级的内涵进行界定之前，有必要对几个容易混淆的概念加以区分。

首先，经济转型升级是指一个国家或地区的经济结构或经济制度在一定时期发生根本转变或形态演进的过程。具体而言，经济转型升级包括经济体制机制更新、经济增长方式转换和经济结构转型升级过程。这是国民经济制度和结构或量变，或质变，或两者同步发生的过程。

其次，经济结构转型升级是指一个国家或地区为实现经济发展方式转变，对其社会再生产各个环节进行结构调整的过程。具体而言，经济结构转型升级又包括产业结构调整优化、分配结构调整优化、交换结构调整优化、消费结构调整优化，以及就业结构、技术结构和金融结构调整优化等过程。需要指出的是，这些过程是普遍联系、相互制约的。

最后，产业结构调整优化是指通过产业结构调整促使各类产业协调发展，以满足社会不断增长升级的物质和文化需要的过程。具体来看，产业结构调整优化是产业结构合理化和产业结构高级化相统一的过程。自从钱纳里等（1989）系统提出评价产业结构调整优化的合理化和高级化指标以来，上述两项指标至今仍被广泛接受并不断完善。

在对上述概念加以区别之后，可以对本研究中使用的产业结构转型升级内涵加以界定。综合多项研究来看，它是指产业结构的水平由低到高、联系由松到紧的动态转变过程。由上可发现，上述界定侧重于产业结构高级化方面。需要指出的是，在不同产业结构维度上，产业结构转型升级的表现方式存在差异。由于本书主要聚焦产业关联维度，因此书中的产业结构转型升级又具体表现为三次产业顺序演进。这与经常遇到的产业结构转型升级概念是一致的。

综合上述概念可发现，从"经济转型升级"到"经济结构转型升级"，再到"产业结构调整优化"，最后到书中使用的"产业结构转型升级"，其内涵是逐渐收缩的，即下面概念是上面概念的子集。综观全书，由于本书题目是"产业结构转型升级：如何影响就业结构和收入分配"，因此书中研究对象涉及"经济结构转型升级"范畴内的产业结构调整优化、分配结构调整优化，以及就业结构调整优化三大过程。内涵体系至此得以廓清。

三　就业结构的外延

按照目前普遍的解释，就业结构被称为社会劳动力分配结构，是指在特定时期、特定地区中，劳动力在国民经济各部门、各行业、各区域实际分布和相互关系的总称。按照研究的需要，就业结构的外延有多种形成方式。例如，按照部门的不同，可以得到部门就业结构；按照行业的不同，可以得到行业就业结构；类似的，可以得到区域就业结构、性别就业结构、城乡就业结构、职业就业结构等。

产业结构转型升级将会引起就业结构变动。鉴于本书定义的产业结构转型升级主要表现为三次产业顺序演进，因此，书中对就业结构外延的界定主要以部门就业结构为依据，在获得三次产业就业数据的基础上研究产业结构转型升级对就业总量的影响。此外，考虑到中国不同地区产业结构差异明显，因此本书同时选择区域就业结构为辅助，对产业结构转型升级引起的地区就业差异影响进行了比较研究。

需要指出的是，不同于制造业部门较为接近的行业就业特征，服务业部门的就业特征已经显著分化。正像书中所描述的，由于行业转换、企业组织变革和劳动力市场重构，在服务业部门内，行业的差异性正在被强化。在某些服务行业趋向于资本-劳动比率不断提升、生产效率不断加强,并集约利用最先进的技术之时,另外一些服务行业则倾向于维持劳动密集和低廉工资。虽然同被称为服务业,但上述两类行业的就业特征显然已经有天壤之别了。

因此,在第二章"产业结构转型升级对就业结构的影响"研究中,在将产业结构划分为三次产业的基础上进一步将服务业划分为生活性服务业和生产性服务业,以近似反映当制造业分别向着上述两类异质性明显的行业转型时,其转型升级进程给就业带来的影响。

四 收入分配的外延

从广义上讲,收入分配是指一国或地区在一定时期内所获得的经济收入在各经济主体之间进行分配的过程。按照收入的来源或收入的结果不同,收入分配的外延可以从两个维度进行界定。例如,国外学者分别从收入的来源和收入的结果出发,获得了功能性收入分配(或称要素贡献收入分配)和规模性收入分配(或称居民内部收入分配)这两种研究视角。与此相对应,中国学者对收入分配外延的界定也基本延续了上述思路。例如,在马洪和孙尚清(1985)主编的《经济与管理大辞典》中就将收入分配的含义解释为:一是指国民收入在各种生产要素之间的分配;二是指国民收入在国民之间的分配。

具体而言,功能性收入分配(要素贡献收入分配)主要聚焦"按劳分配与按资分配"之间的关系问题。这种研究主张各类生产要素回报应与贡献相对应,并以此为原则在市场机制下建立经济收入的分配制度。应当看到,功能性收入分配理论是与特定社会发展阶段相适应的。在社会主义按劳分配制度正式建立之前,由于还要经历相对漫长的社会主义初级阶段,因此以按劳分配为主体、多种分配方式并存的分配制度有其存在的合理性。但具体到中国情况而言,在功能性收入分配领域存在的突出问题是,劳动收入在整个国民总收入中所占的份额过低,这已成为制约产业结构转型升级的巨大障碍。

比较而言，规模性收入分配（居民内部收入分配）主要聚焦"效率与公平"的平衡问题。这种研究主要关注住户或个人的社会特征（如受教育程度、工作经验、性别、所有制、健康、职业、户籍等）对经济主体社会收入造成的影响，目的是维护居民间公平合理的收入分配秩序。也应该看到，规模性收入分配理论同样是与特定的社会发展阶段相适应的。社会主义的根本目的是最终实现共同富裕。然而，在社会主义初级阶段，考虑到社会财富尚未足够积累、资源稀缺尚未有效解决，因此，效率作为现阶段解决上述问题的根本途径，还将继续扮演重要角色。但当前中国日益严重的分配差异问题，给经济发展和社会稳定带来的隐患已经显现。

需要说明的是，由于书中第三、第四两章关于产业结构转型升级下的收入分配研究，主要是基于中国家庭入户调查数据（CHIP），其中收入调查主要覆盖的是工资收入，因此本书对收入分配的考察仅聚焦收入分配下的第二个维度，即规模性收入分配（或称居民内部收入分配）。需要指出的是，固然产业结构转型升级下的规模性收入分配研究在当下具有重要意义，但是，功能性收入分配研究，在确保产业结构转型升级有效推进的意义上也日益显示出重大研究价值。对此问题的跟进，将在作者今后的研究成果中予以体现。

第二节 产业结构转型升级理论归纳与演绎

如上所述，由于不同转型主体当前所处的状态和环境承载能力存在差异，因此转型将走向多元化。而一国或地区对产业结构转型升级理论的迎拒态度则深刻影响着当地的制度环境。因此，本节内容将对相关理论进行梳理，并在此基础上，结合书中主体部分实证结果，在本书最后为中国各地区拟定的产业结构转型升级战略提供参考建议。

一 先行工业化国家经济增长的效率驱动论

20世纪70年代以前，伴随工业革命之后先行工业化国家经济的快速增长，多位早期经济学家借助上述国家横截面数据或时序数据，先后发现了经济增长与产业结构变化之间存在的某种普遍联系。

早在17世纪，英国经济学家威廉·配第（William Petty），便在其《政治算术》一书中指出，制造业的收益多于农业，商业的收益又要多于制造业。他认为正是不同产业之间的相对收入差异，驱动了劳动力的产业间转移。而由于产业间相对收入差异主要是由劳动生产率差异带来的，从而这一发现最终确立了劳动生产率驱动经济增长的根本机制。

1940年，英国经济学家科林·克拉克（Colin Clark）在其《经济进步的诸条件》一书中，基于前述Fisher（1935）提出的三次产业划分方式，进一步发现：随着全社会国民收入人均水平的提高，劳动力将首先从第一产业向第二产业转移，待人均收入水平进一步提高后，劳动力将由第二产业向第三产业转移。此即克拉克的经济发展阶段说。

综合配第和克拉克的研究结论可以发现：两者都将劳动力的跨产业转移作为产业结构变化的表征；将人均国民收入的不断提高作为产业结构变化的来源。而人均国民收入增长归根结底是由劳动生产率提高引起的，进而，两者关于产业结构升级理论的研究，都属于效率驱动论范畴。克拉克也曾认为，自己的发现不过是对配第产业间相对收入差异规律的印证。后人也因此将两位学者的发现合称为"配第-克拉克定律"。

在此之后，美国经济学家西蒙·库兹涅茨（Simon Kuznets）在克拉克等人将劳动力结构作为产业结构变化表征的基础上，进一步引入部门产值结构作为新的表征方式，从而得以从三次产业占国民收入的比重的角度，对产业结构升级规律加以论证。库兹涅茨的重要贡献还体现在，他首次在经济增长和产业结构之间引入总要素生产率，进而在两者之间建立起明确的相关点。可以发现，库兹涅茨的研究仍然属于效率驱动论范畴。

20世纪70年代以前，世界范围内的产业结构转型升级主要表现在工业领域当中。德国经济学家霍夫曼于1931年发表的《工业化阶段和类型》中，借助霍夫曼比率系统提出了他的工业化阶段理论，进而揭示出工业化过程中工业部门结构升级的一般规律。关于规律背后的动因，霍夫曼总结为工业化过程中各工业部门不同的增长率。可以发现，霍夫曼的研究亦属于效率驱动论范畴。

1986年，美国经济学家钱纳里（H. B. Chenery）、鲁宾逊（S. Robinson）和赛尔奎因（M. Syrguin）在其合著的《工业化和经济增长的比较研究》一书中，在克拉克和库兹涅茨的研究基础上，把研究领域进一步扩展到新兴工业化国家当中，进而提出并完善了发展模式的理论和方法。

钱纳里等人的研究表明，经济增长与产业结构变化间具有明确的互动关系。这不仅表现在一国之内或各国之间不同收入水平之下呈现的经济结构状态不同，还表现在经济结构的转变，特别是非均衡下的结构转变能够加速经济增长。此外，他们的研究已经注意到，经济结构的转变不仅受制于内部因素，还受制于上文提到的各类外部环境的承载能力。可以发现，钱纳里等人的研究，虽然脱胎于效率驱动论，但同时已表现出下文归纳的结构干预论的浓重色彩，因此在整个产业结构转型升级理论中，起到了流派衔接的作用。

二 新兴工业化国家经济发展的结构干预论

二战之后，世界经济环境中最为璀璨的事件当属新兴工业化国家的迅速发展。然而对于新兴工业化国家的经济发展，从先行工业化国家历史数据中总结而来的关于经济增长与产业结构变化间的效率驱动论，不仅难以解释前述国家经济迅猛发展的事实，也难以对其他后继发展中国家提供实质帮助。在此背景下，侧重于结构干预的多项研究成果相继出现。

回到1954年，美国经济学家阿瑟·刘易斯（W. A. Lewis）在其开创性论文《劳动无限供给条件下的经济发展》中，明确提出了发展中国家普遍存在的二元经济结构。在此基础上，他建立了发展中国家劳动力流动和经济结构转变的理论模型。刘易斯认为，现代部门资本快速积累是实现发展中国家产业结构高级化，进而实现经济发展的主要途径。

可以发现，刘易斯的研究带有鲜明的结构干预色彩，这也是本书将其归纳为结构干预论的原因所在。

1958年，美国经济学家阿尔伯特·赫希曼（A. O. Hirschman），在其《经济发展战略》一书中提出了在发展中国家造成巨大影响的不平衡增长理论。他的研究建立在发展中国家普遍的资源稀缺性基础上，主张以引致投资最大化、发挥连锁效应、重视进口替代为原则，有选择性地优先发展部分战略产业，进而凭借外部性带动其他产业陆续发展。可见，不平衡增长理论作为非均衡增长理论之一，亦带有浓厚的结构干预色彩。

1960年，美国经济学家沃尔特·罗斯托（W. W. Rostow）在其《经济成长的阶段》一文中，提出了被后人所熟知的经济成长阶段论。而11年后，他又在《政治和成长阶段》一文中将上述理论做了补充并最终确立了经济发展的六个阶段。罗斯托认为每个阶段的演进以产业主导部门的更替为特征，主导部门发展顺序难以轻易变更，从而使得任何国家都要面临由低级到高级的发展过程。这种主导产业理论使罗斯托的研究从属于结构干预论。

20世纪50~70年代，日本多位经济学家在产业结构转型升级理论研究方面做出了杰出贡献。例如，1956年赤松要（Kaname Akamatsu）提出的产业发展雁型模式以及1957年筱原三代平（Shinohara Miyohei）提出的比较动态费用论和两基准理论，分别就产业结构的生命周期、后进国劣势产业向优势产业转化、主导产业发展规划等问题做出了精彩阐述。在此基础上，1975年宫泽健一（Miyazawa Kenichi）《产业经济学》一书的面世，标志着产业经济学作为一门独立学科得以确立。此后，1993年关满博（Manabu Seki）基于网络型国际分工，进一步提出了技术群体结构论，这标志着日本产业结构转型升级理论研究开始在东亚甚至全球进入新的阶段。

三 全球分工背景下产业结构升级的比较利益论

介绍该理论之前，首先来对本书归纳的有关产业结构转型升级的效率驱动论和结构干预论进行必要评述。

（一）对于效率驱动论和结构干预论的评述

效率驱动论虽然经历了漫长的发展过程，但从跨越几个世纪的上述代表性经济学家的主要论断来看，其基本延续了配第以来关于劳动生产率作为驱动经济增长的要素的根本看法。强调效率驱动的产业结构转型升级理论直接来源于对西方先行工业化国家经济增长百年历程的考察，古典经济学的烙印在其理论发展过程中格外明显。因此，从其思想渊源来看，其都不同程度默认市场在推动经济增长中的基础性作用。

而问题是，在百年历程基础上不断完善的效率驱动论，难以适应战后新兴工业化国家对经济迅速发展的渴望，从而为结构干预论的出现创造了土壤。不难看出，强调结构干预的产业结构转型升级理论，都将广大发展中国家作为现实中的主要实验对象，并认为通过结构干预可以为上述国家找到经济发展的捷径。进一步剖析则可发现，潜藏在这些理论背后的思想渊源，都不同程度地来自经济大萧条之后对市场失灵的批判，进而开始推崇政府在实现经济发展中的全能型作用。结构干预论也直接催生了发展经济学的出现。

无情的现实是，结构干预论虽然在日本、韩国、新加坡、中国台湾等少数国家或地区获得了成功。然而在以进口替代、先进产业优先发展等理论为指导的更多发展中国家或地区中，却"既没有给绝大多数发展中国家带来多大的经济增长，实际上也没有给这些国家的人民带来多少真正的福祉"（韦森，2013）。鉴于效率驱动论无法帮助广大发展中国家实现迅速发展，结构干预论在带来少数惊喜的同时又带来更多的失望，暗淡的现实迫使一部分经济学家开始考虑从古老的要素禀赋比较优势理论中寻找答案。而经济全球化日益加深的历史潮流，也为这种研究方向提供了广阔的舞台。

（二）比较利益论的第一维度

需要特别指出的是，不同于效率驱动论或结构干预论，其内部理论体系已较为完善、观点认知已较为统一的现状，本书中归纳的关于产业结构转型升级的比较利益论，其理论体系和观点认知还存在较大分歧。例如，在当前学术研究中，就存在这样一种不容小觑的理论认知倾向：发展中国家产业结构如果按照要素禀赋比较优势进行布局，并着力优先发展劳动密集型产业，就会被长期锁定在国际分工中的低附加值加工制造环节，从而终究难以摆脱产业结构低下、国家贫穷落后的泥潭（Porter，1990）。本书认为，这种关于"比较利益论"尖锐批判的出现，说明了学术研究在"要素禀赋比较优势"认识上的滞后。

综合前人在比较利益论上的学术贡献来看，本书认为，总体上可将其划分为两个维度。第一个维度可称为"古典要素禀赋比较优势论"，其核心结论可概述为在市场自由放任条件下，依据各国或地区要素禀赋比较优势，来发展特定产业进而确立相应的产业结构。该理论的四位主要代表人物分别是为后人所敬仰的亚当·斯密（Adam Smith）、大卫·李嘉图（David Ricardo）、埃里·赫克歇尔（Eli Heckscher）、伯提·俄林（Bertil Ohlin）。

1776年，亚当·斯密在其著作《国民财富的性质和原因的研究》中提出了绝对优势论，从而奠定了该研究体系的起点。1817年，李嘉图在其久负盛名的《政治经济学及赋税原理》中，进一步提出了比较优势论，从而建构了该研究体系的基础。百年之后，1919年，赫克歇尔在其论文《对外贸易对收入分配的影响》中，提出了研究产业结构和国际贸易问题的核心理论，即要素禀赋论。大萧条末的1933年，作为赫克歇尔的门生，俄林在其《区际贸易和国际贸易》一书中，丰富并发展了要素禀赋论，最终使这一学说确立。

上述绝对优势论、比较优势论和要素禀赋论，因为以市场自由放任为前提，以要素禀赋比较优势为核心，因此书中将其综述为古典要素禀赋比较优势论，并划定为产业结构转型升级研究中比较利益论的第一个维度。可以发现，前述关于"比较利益论"的种种批判，其实多半是针对此传统维度展开的。这些批判忽视了书中归纳的比较利益论自战后以来，特别是经历了20世纪70年代西方国家滞胀问题洗礼以来其理论内核的全新发展。结构干预论宣布失败之后，比较利益论也进入了第二个发展维度。

（三）比较利益论的第二维度

第二个维度可称为"新古典要素禀赋比较优势论"，其理论核心是坚持根据各国或地区要素禀赋比较优势确定产业结构升级战略，但又扬弃了之前关于市场自由放任的态度，主张政府发挥增长甄别和因势利导作用。该理论的主要代表人物是中国经济学家林毅夫。林毅夫教授有关产业结构转型升级战略的主张，在2012年其出版的三部著作中进行了集中阐述。按面世的先后顺序，三部著作分别为《新结构经济学：反思经济发展与政策的理论框架》《繁荣的求索：发展中经济如何崛起》《解读中国经济》。

林毅夫将其研究成果命名为新结构经济学，其理论发展可整体概括为：首先，强调市场在资源配置中的核心作用，并主张"市场应该成为经济的基础性制度"（转引自韦森，2013：1053）；其次，指出现代经济增长的内在实质和主要特征，是"持续性的技术创新、产业升级、经济多样化和收入增长加速"（转引自韦森，2013：1056），进而指出"任一时点上最优的产业结构，是由其现有的要素禀赋结构决定的，一个国家若想在技术发展阶段上不断爬升，首先应当改变其要素禀赋结构"（转引自韦森，2013：1056）；最后，主张政府既不应该完全取代市场，也不应该完全无所作为，应在产业结构变迁中扮演"增长甄别和因势利导"（转引自韦森，2013：1059）的作用。

综合来看，新结构经济学的理论内核构筑在"要素禀赋—比较优势—产业结构—经济发展"基础之上。正是因为他的研究是将要素禀赋比较优势作为逻辑演绎的起点，从而解释了为什么本书将其划分至比较利益论。此外，在对市场-政府关系的态度上，该研究强调市场在资源配置中的基础性作用，同时强调政府对产业结构演进的引导性作用。与"古典要素禀赋比较优势论"主张市场自由放任的鲜明对比，是本书将这项研究划分至比较利益论第二维度的原因。

可以发现，林毅夫的研究与过度强调政府作用而忽视要素禀赋比较优势的"结构干预论"之间实际上分野明显，因而林毅夫将其理论体系命名为"新结构经济学"，以避免认为其夸大政府作用的误解。虽然研究结论当前还广受非议，但这项研究确实推进了比较利益论的研究前沿，从而为广大发展中国家实现经济迅速发展打开了新的希望之门。但本人认为这项研究在一个关键问题上尚显薄弱。即在新的全球分工背景下，各国或地区经济发展得以凭借的要素禀赋比较优势是否正在发生变化，特别是进入数字经济时代以后，上述要素禀赋比较优势又究竟是什么？本书将在前人研究的基础之上，结合当前时代的新变化、新特征，尝试对比较利益论的第三维度进行探究。

（四）比较利益论的第三维度

观察当今全球经济新趋势可以发现，经济全球化至少在两个方面正在剧烈转换：一是，全球化的参与主体，正在由民族国家或地区向跨国公司转换，全球城市的地域载体功能正在显著上升；二是，经济全球化的表现内容，正在由重转轻（即由大工业时代以产品为主向服务经济时代以服务为主转换），知识经济的全球扩散效应已经势不可挡。当前时代下的经济全球化，显然与20世纪90年代[①]之前的经济全球化已经有了质的不同。上述转换给全球分工体系，进而给产业结构转型升级带来了重大影响。

首先，关于参与主体转换带来的影响。二战之前国际竞争的主体是民族国家，全球分工主要表现为产业间的分工，地理界限在当时十分清楚。而先行工业化国家较为接近的工业化进程，使得当时这些国家间的竞争异常激烈，并直接表现为对区域外土地、劳动力、自然资源的直接掠夺。二战之后特别是20世纪70年代以来，伴随着跨国公司逐渐成为全球化的参与主体，全球分工开始表现为产业内的分工，地理疆界开始消融。跨国公司主导下的全球产业链布局，使得世界城市（Friedmann，

[①] 20世纪70年代初，是西方先行工业化国家走向后工业化时代的时间窗口，90年代，美国宣布进入知识经济时代，表明发达国家后工业化改造陆续完成。

1986）或全球城市（Sassen，1991）逐渐成为一国或地区产业结构转型升级的主要空间载体，进而将城市推向全球竞争的风口浪尖。重要的是，全球城市间的竞争已不再是地域间土地、劳动力、自然资源等低级要素禀赋的竞争，而是在人力资本层面展开的竞争。Sassen将全球城市定义为专业服务业集聚的场所，就印证了这种判断。

其次，关于表现内容转换带来的影响。20世纪90年代以前，国际内容交换基本表现为物质形态的产品与产品的交换，全球分工的基础主要源自土地、劳动力、自然资源等要素禀赋的地区间差异。然而在90年代知识经济时代到来之后，国际内容交换开始出现了虚拟形态商品与物质形态商品交换的新趋势，这标志着知识开始进入全球分工的基础体系，且地位与日俱增。现实世界的运行充分证明了该判断。当今活跃在全球经济舞台上的领先跨国公司，已不再是当年工业时代的埃克森美孚、通用电气、福特等企业，而是知识经济时代的微软、苹果、谷歌、BAT等企业。值得注意的是，知识的存在形式正是人力资本。而新的挑战是，不同于土地、劳动力、自然资源等生产要素普遍存在边际生产率递减倾向，人力资本有可能表现为边际生产率递增的特征。[①]

总结来看，在全球经济新趋势背景下，经济全球化参与主体和表现内容间的巨大转换，已经显著影响了各国或地区经济发展得以凭借的要素禀赋比较优势，进而推动新型全球分工体系的出现。在这种新的分工体系下，对发展中国家而言，如果仍然基于传统要素禀赋比较优势确立产业结构转型升级战略，有可能被长期锁定在产业结构低下、国家贫穷落后的低端环节。至此，本书认为，前述各种对比较利益论的尖锐批判，并没有将矛头对准问题的症结所在。比较利益论仍然是发展中国家跨越产业结构转型升级鸿沟的有效理论，但需要识别出新阶段内要素禀赋比较优势的真正所在。本书进一步认为，当前的要素禀赋比较优势正是人力资本比较优势。在上述研究基础上，本书将比较利益论第三维度

[①] 美国经济学家罗伯特·卢卡斯（Robert Lucas）于1988年在其《经济发展的机制》一文中，曾有深入研究，见Robert Lucas（1988）。

的核心概括为：基于新型全球分工的出现，根据各国或地区人力资本比较优势确定产业结构转型升级战略，同时政府继续发挥因势利导作用，但应聚焦人力资本水平提升。正因为如此，第三维度也可被称为"人力资本比较优势假说"，并将其作为本书研究的理论基础。

（五）第三维度上的文献综述

远溯至1759年前后，法国重农学派创始人弗朗斯瓦·魁奈（Francois Quesnay）在其《人口论》一文中便指出，"构成国家强大的因素是人，人类本身就成为自己财富的第一创造因素"。魁奈的思想对后来多位经济学大师影响深远。1940年，科林·克拉克（Colin Clark）在其《经济进步的诸条件》一书中指出，产业结构转化的本质是对物质资源、劳动力等生产要素进行再配置的动态过程。1960年，西奥多·舒尔茨（Thodore W. Schultz）在美国经济学会年会上发表《人力资本投资》一文，其中更是明确提出人力资本是当今时代促进国民经济增长的主要原因，进而指出"人口质量和知识投资在很大程度上决定了人类未来的前景"。1964年，加里·贝克尔（Gary S. Becker）完成了被经济学家誉为经典性论著的《人力资本》一书，"经济思想中的人力投资革命"从此展开。

在此基础上，与上文提出的"人力资本比较优势假说"相契合的学术成果也陆续出现。例如，委内瑞拉经济学家里卡多·霍斯曼等学者在《出口的重要所在》（*What You Export Matters*）一文中提出，在由低附加值制造环节向高附加值服务环节转化的过程中，人力资本是产业结构转化的重要基础，也是经济增长的核心决定因素（Hausmann et al., 2007）。此外，中国亦有多项研究成果涌现。例如，靳卫东（2010）指出，产业结构转化是一个动态过程，而人力资本是产业结构转化的基础，两者在数量、结构和类型上的不匹配，是造成失业增加、经济波动和收入差距扩大的重要原因。杨爽和范秀荣（2010）则在中国各省份截面数据基础上，构建了产业结构转型升级下的人力资本适配度指数，并得到人力资本适配度提高能够持续有效地推动产业结构转型升级的结论。张国强等（2011）引入地区比较视角后的研究则指出，人力资本及其结构在中国不同地区之间的差异，是导致经济增长速度和产业结构水平出现地区差异的重要原因。该研究同时指出，在人力资本数量、质量和结构上有比较优势的地区将具备更强的产业结构转换能力。胡春林（2012）通过对目前中国各地区要素禀赋差异的测度，明确提出了中国产业结构转型升级的区域轮动发展路径。

第三节 产业结构转型升级对就业影响的文献综述

一 就业影响研究的理论基础

特定领域的文献综述要以划清研究边界为前提。因此在前文基础上，这里首先对产业结构转型升级背景下就业影响的研究边界做出简要说明。如前所述，本书主要关注当前背景下服务化转型升级进程给就业、收入分配带来的影响。因此，书中以 Fisher（1935）提出的三次产业划分方式作为产业结构划分的标准。在此基础上，本书聚焦三次产业顺序演进这一转型升级过程将给就业造成的影响，即本书的研究边界体现为产业结构高级化将如何影响就业。

前述产业结构转型升级"效率驱动论"的代表性人物在研究产业结构变迁规律时，纷纷将劳动力结构作为产业结构变化的重要表征，因此对就业影响领域的文献综述，还应追溯到配第、克拉克、库兹涅茨等人的研究。配第最早发现了产业间的收益差异引起劳动力由农业向制造业，进而向商业转移的内在规律。克拉克则进一步发现了，伴随着人均国民收入水平的提高，劳动力将由第一产业向第二产业，进而向第三产业转移的普遍规律。后来库兹涅茨在配第和克拉克等人的研究基础上，全面总结了三大产业部门产值分布以及劳动力分布的变迁规律，并明确提出劳动力转移最终走向服务业这一有关未来趋势的判断。

除效率驱动论的上述代表人物之外，"结构干预论"的部分代表人物也在就业影响领域做出了重要贡献，如古斯塔夫·拉尼斯和费景汉（Gustav Ranis，John C. H. Fei，1961）等。这些早期研究，构建了后来众多聚焦产业结构转型升级就业影响研究的理论基础。虽然目前这方面的研究结论还存在广泛争论，但总体上可归纳为两种，即产业结构转型升级下的就业破坏论和就业创造论。

二 产业结构转型升级的就业破坏论

破坏论一派的主要观点可总结为，忽视产业演进自然规律和要素禀赋比较优势提出的产业结构超前发展战略，将抑制劳动力有效转移，从而产生就业的破坏效应。具体来看，持破坏论立场的学者，有些是基于"劳动-资本"关系提出的。如钱纳里等（Chenery，H. et al.，1989）认为，由于现代工业部门普遍存在劳动节约型技术进步倾向，产业结构超前发展将延缓发展中国家劳动力转移速度，不利于扩张就业。约翰·希克斯（John Hicks，1986）也认为，发展中国家资本密集型产业优先发展战略将使城市就业增加速度落后于潜在增长水平，从而对劳动力有效转移带来抑制作用。吴敬琏（2006）指出，20世纪80年代中期以来，中国所进入的是一条资本排斥劳动的产业发展道路，广大劳动力并未被真正有效加以利用（这种观点其实已经触及人力资本问题，即物质资本排斥人力资本的真正症结）。此外，刘世锦（2005）借助数据进一步指出，2000年以来中国工业发展中的重工业化倾向已经给就业增长带来了巨大冲击。

另外，持破坏论立场的另外一些经济学家，则是基于"比较优势-合理分工"机制提出的。如拉纳迪夫·贝纳杰（Ranadev Banerji，1975）在《印度制成品出口：新兴趋势的评估》一书中，通过将印度和中国台湾的产业发展进程进行比较指出，中国台湾劳动密集型产业优先发展战略实现了就业快速增长，而印度资本密集型产业优先发展倾向则显著阻碍了劳动力的有效转移。针对中国情况，严英龙和陈在余（2004）研究认为，如果工业化进程以资本密集型产业为主导，将制约农村剩余劳动力转移,从而延缓劳动人口收入份额的提升,这将导致中国有效需求不足,进而抑制工业化进程进一步发展,由此形成恶性循环;而如果工业化进程以劳动密集型产业为主导,将带动农村剩余劳动力加快转移,从而拉动收入分配中劳动人口份额的提升,进而刺激消费需求,最终促进工业化进程进一步加速,由此形成良性循环。对上述研究持相似观点的中国学者,还有胡军和向吉英(2002)、郭东杰和邵琼燕(2012)等。

三 产业结构转型升级的就业创造论

创造论一派的主要观点相应地可总结为,产业结构高级化是经济发展的必然趋势,通过外部结构干预可加快上述进程,由此带来的引致效应、关联效应、主导效应等正外部性,将最终加快劳动力转移速度,从而产生就业的创造效应。与破坏论类似,持创造论立场的学者,有些也是基于"劳动-资本"关系提出的。1931年,德国经济学家霍夫曼(Hoffmann)在其代表性著作《工业化阶段和类型》一书中指出,各国工业化无论始于何时,一般都将进入相同的趋势,即随着工业化的推进,消费品部门与资本品部门的净产值之比将趋于下降。霍夫曼注意到当时先行工业化国家普遍出现的资本替代劳动现象,因此他的研究中特别强调应加快资本密集型产业发展,从而使未来就业得到保障。针对国内情况,武力和温锐(2006)认为,中国的工业化进程已进入资本相对过剩阶段,在此阶段资本密集型和技术密集型产业因为内在创新动力强于劳动密集型产业,从而将具备发展优势并最终成为拉动未来就业的主要产业。该研究的理论逻辑是,与劳动密集型产业相比,资本密集型和技术密集型产业关联效应明显,因而可以带动以第三产业为主的相关产业发展,从而扩大就业。

另外,"结构干预-外部效应"机制则成为另外一些持创造论立场的学者的逻辑基础。如美国经济学家哈维·雷宾斯坦(Harvey Leibenstein,1957)研究认为,以资本密集型产业为主导的产业发展进程,因为在国民收入中劳动份额占比较低,因而可以保证较高的储蓄水平,从而有利于扩大投资并最终拉动经济增长、扩大社会就业；而以劳动密集型产业为主导的产业发展进程，因为劳动收入占据国民收入的大部分份额，因而储蓄水平偏低，从而不利于扩大投资，并将最终延缓经济增长、制约社会就业。回到国内情况，赵建军（2005）针对比较利益论提出了质疑。他认为，如果中国长期处在以劳动密集型产业为主导的发展阶段，当与以资本密集型或技术密集型产业为主导的国家进行国际贸易时，就有可能被持续锁定在不利地位当中。该研究进一步指出，发展劳动密集型产业虽然可以缓解巨大的就业压力，但这种效果是短期的，因而从长期来看，解决就业问题最终要靠资本密集型或技术密集型产业发展带动。中国持相似观点的研究，还可参考高德步和吕致文（2005）、朱劲松和刘传江（2006）、景天魁（2010）等。

四 产业结构转型升级就业影响文献述评

综合前述产业结构转型升级就业影响的文献来看，可以发现如下关联现象。

首先，此领域研究的理论基础，多源于产业结构转型升级理论中的"效率驱动论"。后期研究虽然分化明显，但在这些研究中都能找到配第、克拉克和库兹涅茨研究的身影。当然，有些研究也多少受到结构干预论的影响，但仍然不能取代前述效率驱动论的基础作用。

其次，秉持产业结构转型升级就业破坏论的研究，其理论演绎又多是建构在前述"禀赋决定论"基础之上。不管是从"劳动-资本"关系出发，还是从"比较优势-合理分工"机制出发，得出的产业结构转型升级破坏就业的研究结论，多半都有斯密、李嘉图、赫克歇尔、俄林，甚至林毅夫的身影。

最后，与破坏论相对应，秉持产业结构转型升级就业创造论的研究，其理论演绎多是建构在前述"结构干预论"的基础上。因为不管是从"劳动-资本"关系来看，还是从"结构干预-外部效应"机制来看，这些研究都大体靠拢到结构干预将会带来引致效应、关联效应、主导效应等正外部性中。

关于就业影响的理论，之所以能够和前述关于产业结构转型升级的理论在流派上恰好呼应，正是因为产业结构是嵌套在经济结构系统内的，并与此系统中的分配结构、交换结构、消费结构、技术结构、金融结构，以及此处的就业结构，处在无时无刻的互动当中。也正因为如此，关于就业影响的研究文献正逐渐暴露出如下薄弱环节：当产业结构转型升级的比较利益论开始向第三维度转换时，全球经济新趋势下的中国就业影响研究还乏善可陈。

站在当今时代来看，前述文献主要在两个方面渐显不足。一是，大部分文献是以工业化时代为背景展开的就业影响研究，而当今时代已进入后工业化甚至信息化时代。由于时代变化后社会经济制度和生产组织方式将面临巨大转换，工业化时代已经证实的研究结论也许在新时代将面临全新挑战。二是，不管是破坏论还是创造论，都涉及对资本-劳动关系的讨论。在大工业时代，这对关系曾经主要表现为物质资本对劳动力的替代，这已成为就业影响研究普遍默认的逻辑起点。然而在当今时代，新的资本-劳动关系已经出现，并表现为人力资本对物质资本的替代（不妨考虑一下当今时代生产资料已显露出的新趋势——大机器在社会生产中的作用正在逐步下降，生产资料的获取成本亦在不断降低，凭借一台电脑甚至手机，人人都可参与分工协作）。新型劳动-资本关系的出现，甚至对工业化时代就业影响研究的逻辑起点已经构成挑战。

值得高兴的是，面对新经济发展趋势，在产业结构转型升级就业影响领域，一些富有前瞻性的学术研究成果已经开始出现。从中国来看，前述吴敬琏的研究其实就已涉及人力资本与物质资本在未来中国经济发展中的平衡性问题。他在 2006 年发表的《中国应当走一条什么样的工业化道路》一文中，便将"十五时期"（2001~2005 年）经济结构中出现的问题归纳为 7 个方面。其中前两个方面就分别涉及"未能按照比较优势原理配置资源造成国民经济整体效率下降"，以及"未能凭借国内丰富的人力资源加强技术创新和效率提升"。第二个方面隐藏的正是人力资本问题。如果进一步将两者结合来看，或可归纳为人力资本下的比较优势问题。这种视角与本书提出的决定未来产业结构转型升级的"人力资本比较优势假说"极为相似。这方面的积极研究，还可参考何筠和张波（2006）、张若雪（2010）、卢福财和罗瑞荣（2010）。

另外，需要指出的是，学术研究总是沿着"历史实践提炼理论假说—理论假说确定统计口径—统计口径获得研究数据—研究数据印证历史实践"的逻辑展开的，这便导致现有数据滞后于理论发展的普遍现实。因此学术研究常常要面对"理论上要跨出一小步，实证上还要退回大半步"的尴尬处境。对本书来说亦是如此。本书第二章"产业结构转型升级对就业结构的影响"的研究中，将在各级政府统计部门数据基础上，通过将产业结构划分为三次产业，并进一步将服务业划分为生活性服务业和生产性服务业，以近似反映当制造业分别向着上述两类异质性明显的行业转型时，转型升级过程给就业带来的影响。

第四节　产业结构转型升级对收入分配影响的综述

一　发达国家城市产业结构转型升级对收入分配影响的综述

纵观发达国家在其国内城市产业转型升级过程中收入分配的历史趋势可以发现，当城市的主导产业由制造业向服务业转型时，往往伴随着两个突出现象：一是制造业的退化，二是服务业的极化。制造业退化可被描述为制造业工资相对甚至绝对下降，以及在此过程中就业稳定性和福利稳定性的下降。以美国主要城市为例，20世纪70~80年代美国经济虽然呈现较快增长，但大部分制造业岗位收入增长缓慢（Glickman and Glasmeier，1989）。还有研究发现，80年代美国城市众多制造业岗位的实际收入水平甚至低于60年代（Harrison and Bluestone，1988）。服务业极化可被描述为服务业工资分别在低收入端和高收入端呈现严重的两极分化趋势。例如，在美国经济增长较快的70~80年代，多个服务行业的扩张反而扩大了处于贫困工资水平之下的就业规模（Sheets et al.，1987）。此外，80年代，当日本东京向新经济转型时，通过对城市居民收入分布的研究发现，城市中心的高薪群体和低薪群体呈现共同增加的态势，然而中间收入群体却在持续下降（Sonobe，1993）。

整体来看，关于发达国家产业结构转型升级对收入分配影响的研究，多见于20世纪80年代。除上述学者的研究外，还可参考Stanback and Noyelle（1982）、Ross and Trachte（1983）、Massey（1984）、Nelson and Lorence（1985）、Scott and Storper（1986）、Fainstein等（1992）等。近年来的研究，则可参考Mishel（2004）、Zukin（2005）、Lloyd（2005）等。考察发达国家主要城市收入分配的变化趋势，可以把20世纪60年代末到70年代初这段时期作为分水岭。而这一时期也正好是发达国家由工业化向后工业化转型的时间窗口。20世纪70年代初，制造业中建立正式劳动雇佣关系的工人占比在绝大多数发达国家达到巅峰，该时点也成为1917年以来上述国家收入分配最为平等的阶段（Blumberg，1981）。自70年代以后，随着发达国家制造业的向外转移和服务业的迅速扩大，上述国家呈现收入分配差距扩大和贫困人口规模增加的趋势。至2004年，美国的收入分配格局已经回到凯恩斯主义时期的极端不平等状态，并呈现继续恶化之势（Mishel，2004）。

关于城市产业结构转型升级作用于收入分配背后规律的解释，Sassen（2012）认为，当今主要城市收入分配不平等的增加，不应被简单视为仅仅是不平等程度方面的加深，还应看到掩盖在其背后正急剧发生着的社会经济形态和生产组织方式转换。20世纪70年代以前，制造业的发展能够有效削弱收入分配不平等趋势，得益于建立了以大宗生产和大众消费为主体的经济制度。这种经济制度内在地需要庞大中产阶层的崛起，进而循环促进向大宗生产和大众消费方式集中，并最终推动国民经济增长。但随着70年代以后以专业服务业为主体的城市服务经济的崛起，先前的经济制度逐步为灵活生产和个性消费所取代。城市中新型社会分工的出现，使得就业机会两极分化愈发明显，新的城市士绅阶层和贫民阶层相应而生。先前庞大的中产阶层要么成功地跻身为前者,要么逐步沦落为后者。新的经济制度在推动新一轮国民经济增长的同时,也迅速拉大国民收入分配的缺口,新趋势在80年代发达国家相继完成后工业化改造之后尤其明显。

二 当前中国城市产业结构转型升级对收入分配影响的综述

鉴于中国城市已来到转型升级的时间窗口,与国外城市曾经的时间窗口相比较可以发现,两者在转型升级伊始所面对的收入分配结构可谓大相径庭。二战后至1972年,美国的主要城市中前10%高收入群体的劳动收入份额一直稳定在30%~35%,然而自1972年以后,该占比开始快速增长(Mishel,2004)。可见,以大宗生产和大众消费为主体的经济制度,在二战结束之后至1972年之前的近30年中,有效削弱了美国经济收入分配不平等的系统化倾向。而当美国城市相继来到转型升级窗口时,其内部收入分配差距恰好处于历史低点。其他发达国家城市的收入分配趋势也大致呈现类似特点。回到对中国目前城市收入分配差距的考察,胡志军(2012)以《中国统计年鉴》数据为基础,在广义 Beta II 假定下,测算发现1985~2009年,中国城镇劳动收入基尼系数整体呈现增加态势,至2009年时该系数为0.3342。而夏庆杰等(2012a)以CHIP城镇入户调查数据为基础,计算得出中国城镇职工工资收入的基尼系数由1988年的0.24迅速拉大到2007年的0.44。从中可见,来到产业结构转型升级前夜的中国城市,其所面对的将是已严重拉大的收入分配缺口。

中国城市转型升级伊始收入分配缺口拉大的状况,与过去30年中国经济过度依赖投资和出口所引致的工业化道路密切相关。工业化的持续健康发展,需要建立在以大宗生产和大众消费为基础的社会经济制度基础之上,两者缺一不可。而中国的工业化历程,其生产和消费环节实际上形成了空间分割。得益于全球产业转移和贸易自由化,中国的工业基础迅速赶上,然而同时,期待已久的庞大中产阶层始终未能出现(李春玲，2003)。当来到城市转型升级窗口之时，缺口巨大的收入分配结构使得中产阶层消费能力不足，势必对制造业再生产中的消费环节形成抑制，从而加速城市制造业衰退。此外，张平等（2011）发现，发达国家在城市转型过程中，服务业劳动生产率普遍高于制造业，而两者关系在包括中国在内的发展中国家却截然相反。而且，不平等的收入分配结构迫使大量制造业人员被动进入服务业，使得中国城市转型升级可能退化为过去的要素驱动模式，从而在低收入端带来城市服务业收入贫困化。

具体来看，中国分别就产业结构转型升级、收入分配开展的研究已形成大量文献。但由于对服务经济研究相对滞后，有关服务化产业结构转型升级进程将给收入分配带来何种影响的研究还相对较少，在此基础上进行的地区比较研究更是鲜有发现。冯素杰（2008）认为当前我国产业结构调整升级与收入分配差距扩大之间存在内在累积循环效应。林毅夫和陈斌开（2013）则认为城市化和产业结构升级本身不会使得收入分配差距拉大，收入分配不合理的根本原因是政府不当的发展战略。丁元等（2014）则发现，就全国而言，静态分析表明第二、第三产业就业人员的增加将分别缩小、拉大收入分配差距。此外，靳卫东（2010）从人力资本与产业结构转化动态匹配的视角出发，认为人力资本禀赋差距和流动限制，将使得产业结构转型过程中收入分配差距扩大。中国学者对该问题的研究，还可参考罗军（2008）、杨冬民等（2008）、陈娟和李文辉（2014）等。

第二章 产业结构转型升级对就业结构的影响

正如前文所述，通过对先行工业化国家产业结构和就业结构演进历程的研究，西方学者相继发现了劳动力会跟随产业结构转移的一般规律：先由一次产业向二次产业转移，再由二次产业向三次产业转移。上述规律可被统称为产业结构演进理论。而当中国来到转型升级窗口时，由于所面对的内部条件及外部环境与发达国家当初情况相比已经有了巨大的变化，因此要求对产业结构转型升级将给中国造成的就业影响进行准确的把握。本章分为四节。第一节对近年来产业结构与就业结构变动的时间趋势进行了描述；第二节对产业结构转型升级方向和速度进行了区分；第三节对产业结构转型升级下的就业影响模型进行了推导及设定；第四节则对产业结构转型升级下的就业影响进行了实证评估。鉴于中国东部和中西部地区间的巨大差异，地区比较视角将贯穿其中。

第一节 产业结构与就业结构变动趋势描述

一 基于三次产业 GDP 占比对产业结构变动趋势的描述

按照产业结构演进理论，随着后工业化阶段的深入，持续的经济发展和人均国民收入提高，将推动经济体内部产业结构向服务型经济持续演进。但是，基于要素禀赋比较优势重构推动的上述产业结构转型升级进程，在中国呈现鲜明特征。中国作为发展中国家，自20世纪70年代末启动经济体制改革以来，其内部产业结构的变动受到两个因素的显著影响：一是全球化背景下以制造业FDI为代表的产业链国际转移，此为外部影响因素；二是改革开放之后东部率先发展带动中西部发展的区域发展战略，此为内部影响因素。两种因素叠加，导致中国产业结构演进路径受到明显外部干预，这与发达国家市场机制下的产业结构演进路径有着显著差异。

（一）中国整体变动趋势

以三次产业增加值在GDP中的占比为指标，对中国1978~2012年产业结构变动趋势的描述如下。[①]

从全国范围来看（见图2-1），广义制造业（第二产业）增加值的GDP占比整体变动不大，最低值出现在1990年，为41.3%，最高值出现在1980年，为48.2%。服务业（第三产业）增加值的GDP占比则呈现明显的增长趋势，从1978年的23.9%上升至2012年的44.6%。此外，按照2002年修订的《国民经济行业分类》（GB/T4754—2002），如果将服务业进一步区分为生产性服务业和生活性服务业[②]，其增加值在服务业中占比的变化趋势如图2-2所示。可以发现，近年来中国生产性服务业增加值占比的高点出现在2007年，达到39.3%。在此之前，该数值呈现逐渐上升态势，但在此之后该数值呈现下降态势。整体来看，生产性服务业与生活性服务业增加值占比维持在1:2上下。

[①] 数据来源于《中国统计年鉴2013》，以及1978~2013年相关各省份统计年鉴。
[②] 生产性服务业涵盖交通运输、仓储和邮政业，信息传输、计算机服务和软件业，金融业，租赁和商务服务业，科学研究、技术服务和地质勘查业；生活性服务业涵盖批发和零售业，住宿和餐饮业，房地产业，水利、环境和公共设施管理业，居民服务和其他服务业，教育，卫生、社会保障和社会福利业，文化、体育和娱乐业，公共管理和社会组织。

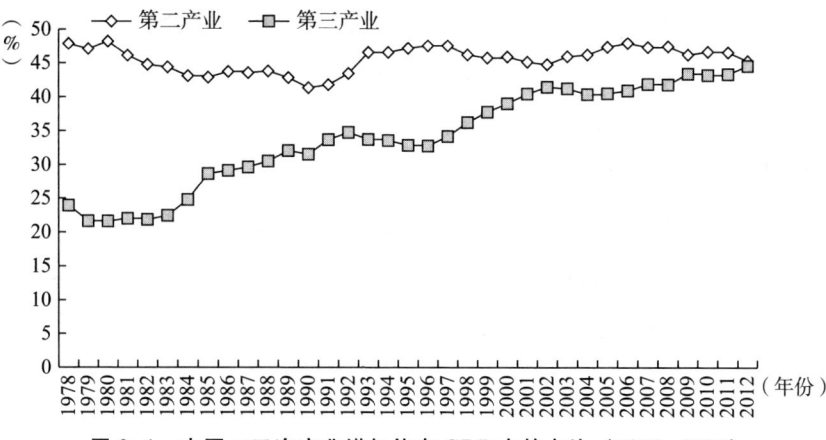

图 2-1 中国二三次产业增加值在 GDP 中的占比（1978~2012）

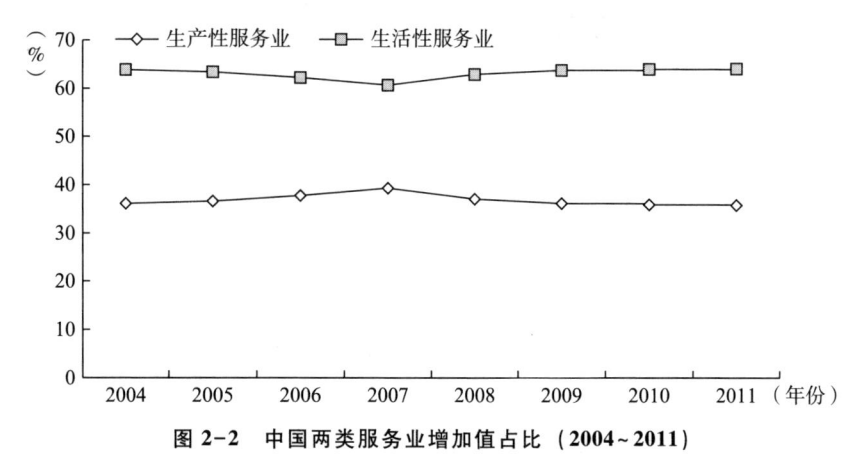

图 2-2 中国两类服务业增加值占比（2004~2011）

注：限于数据可得性，本图未提供 2012 年数据。

可以发现，从全国范围来看，产业结构变动趋势与"产业结构演进理论"较为吻合，虽然其间广义制造业增加值占比没有出现明显下降，但服务业增加值占比却在一路上扬。但在此基础上，区分中国东部地区和中西部地区产业结构变动趋势的考察有如下发现。

（二）地区变动趋势

从东部地区代表省份①（见图 2-3）来看，服务业增加值的 GDP 占

---

① 为与第三章 CHIP 数据样本省份保持一致，此处东部地区代表省份选择了广东、江苏、上海、浙江 4 省份。本章后文除非特别说明，东部地区均选择上述 4 省份作为样本。

比变化趋势与全国范围内的整体趋势相似度较高，此处不再赘言。但是，从中西部地区代表省份①来看（见图2-4），以2003年为分界点，在此之前服务业增加值占比整体呈现增加趋势，比照"产业结构演进理论"内容，此阶段可称为"产业结构正向演进"阶段。但自2003年开始，服务业增加值占比转而整体呈现下降趋势，此阶段相应可称为"产业结构逆向演进"阶段。由于中西部地区在2003年前后产业结构变动

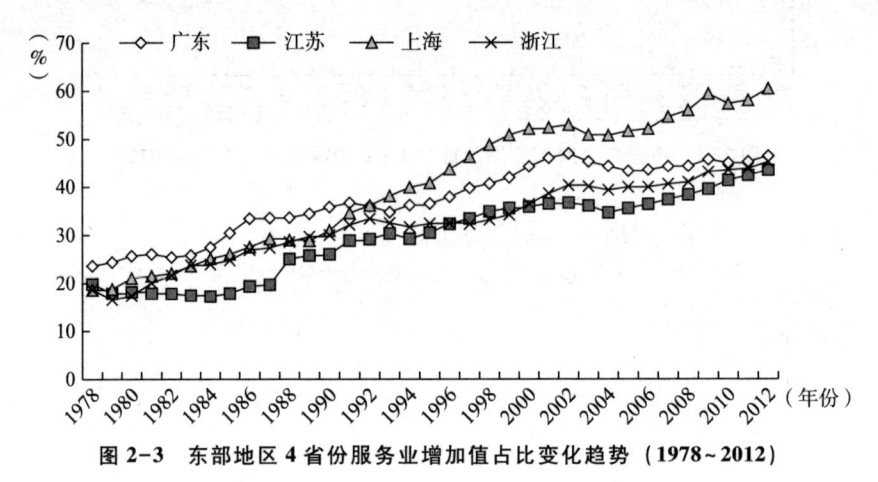

图2-3 东部地区4省份服务业增加值占比变化趋势（1978~2012）

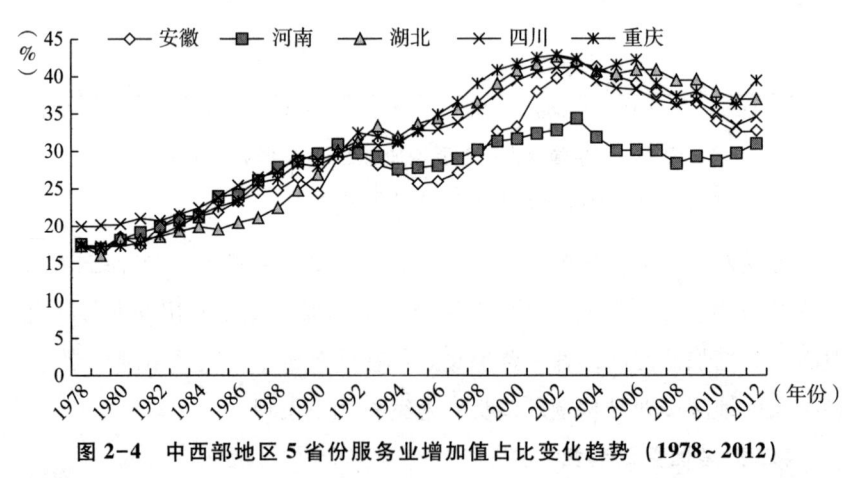

图2-4 中西部地区5省份服务业增加值占比变化趋势（1978~2012）

---

① 为与第三章CHIP数据样本省份保持一致，此处中西部地区代表省份选择了安徽、河南、湖北、四川、重庆5省份。本章后文除非特别说明，接下来出现的中西部地区均选择上述5省份作为样本。

趋势的迥然分化，本章关于产业结构转型升级对就业结构影响的研究，将以2003年为分界点，采取两阶段比较研究的方法。这里需要指出的是，随着书中对就业以及收入分配问题研究的深入，可以发现，中西部地区自2003年后出现的服务业增加值占比下降现象，背后有着符合经济学逻辑的合理解释。

二 基于就业结构超前系数（ESAC）对就业结构变动趋势的描述

（一）中国整体变动趋势

在引入就业结构超前系数（Employment Structure Advanced Coefficient，ESAC）之前，根据《中国统计年鉴2013》的数据计算得到1978~2012年三次产业年均就业人数和就业占比，如表2-1所示。这里将35年划分为七个阶段，阶段分隔点选取的依据是：1984年通过了《中共中央关于经济体制改革的决定》，改革中心由农村转移到城市；1990年相关省份三次产业就业统计步入规范化轨道，基于ESAC对就业结构变动趋势的追踪得以有迹可循；1994年国家分税制改革大幕拉开，这次改革对此后中国经济发展产生了长远的影响；1998年东南亚金融危机爆发，这场危机给中国产业结构造成了明显冲击；2004年据前述研究发现，中国中西部代表省份进入"产业结构逆向演进"阶段；2008年国际金融危机爆发，此次危机亦给中国产业结构带来了显著冲击。

表2-1 中国分阶段三次产业年均就业人数和就业占比（1978~2012）

单位：万人；%

阶段	第一产业 就业人数	占比	第二产业 就业人数	占比	第三产业 就业人数	占比	就业人数合计（万人）
1978~1983年	29643.5	68.7	7815.7	18.1	5706.7	13.2	43165.5
1984~1989年	31731.5	61.1	11174.0	21.5	9061.0	17.4	51966.3
1990~1993年	38597.8	58.7	14297.8	21.7	12904.5	19.6	65800.0
1994~1997年	35454.5	51.7	15929.3	23.2	17188.5	25.1	68572.5

续表

阶段	第一产业 就业人数	占比	第二产业 就业人数	占比	第三产业 就业人数	占比	就业人数合计（万人）
1998~2003年	36038.4	49.8	16180.5	22.4	20102.6	27.8	72321.5
2004~2008年	32173.3	42.9	18821.9	25.1	23959.6	32.0	74954.8
2009~2012年	27297.0	35.8	22176.8	29.1	26790.4	35.1	76264.3

表2-1显示，从分阶段三次产业年均就业占比来看，中国第一产业就业占比持续下降，第二、第三产业就业占比呈上升趋势（只在1998~2003年第二产业就业占比出现下滑）。可以认为，中国就业结构变动趋势整体上符合产业结构演进理论。但是，基于产业年均就业人数和就业占比的统计，并不能直接有力地显示三次产业就业结构的变动走向。为此借鉴产业经济研究中结构超前系数（Structure Advanced Coefficient，SAC）的定义，这里给出了就业结构超前系数（Employment Structure Advanced Coefficient，ESAC），以便清晰地刻画不同时期三次产业就业结构此消彼长的变动方向。

（二）ESAC指数介绍

ESAC的计算公式如下：

$$ESAC_{ti} = W_{ti} + (W_{ti} - 1)/R_t \qquad (2-1)$$

其中，W_{ti}是就业结构迁移系数，代表t阶段i产业就业占比在期末年与期初年之比；R_t是就业总量调整系数，代表t阶段就业总数在期末年与期初年之比。进一步来看，R_t可以反映假定就业结构迁移系数（W_{ti}）不变时社会就业总量发生变化给ESAC带来的影响。ESAC表征如下：当t阶段i产业在整个就业结构中没有变动时，$ESAC_{ti} = 1$；当$ESAC_{ti} > 1$时，表示t期i产业在整个就业结构中呈现超前发展，所占比重趋于上升；而当$ESAC_{ti} < 1$时，表示t期i产业在整个就业结构中呈现滞后发展，所占比重趋于下降。该值理论范围区间为（$-\infty$, $+\infty$），在社会就业总量稳定不变的假设条件下（即$R_t = 1$时），若t期i产业就业占比下降50%，对应$ESAC_{ti} = 0$。

(三) 基于 ESAC 指数的地区变动趋势

基于上述定义的 ESAC 指数计算 1990~2012 年[①]东部地区代表省份和中西部地区代表省份分阶段三次产业就业结构变动趋势[②]，如表 2-2 所示。数据显示，从第一产业来看，不管是在东部地区还是在中西部地区，ESAC 都小于 1，说明一产就业占比在下降，且整体来看，东部地区下降速度明显快于中西部地区。数据还显示，从二次、三次产业来看，这里出现了鲜明的地区间结构性变化。具体来看，在第二产业中，2004 年之前东部地区制造业就业占比扩张速度整体高于中西部地区（1994~1997 年除外），但 2004 年之后中西部地区制造业就业占比扩张速度反超东部地区。而在第三产业中，情况则刚好相反，东部地区服务业扩张速度与中西部地区相比，以 1998 年为转折点经历了先弱后强的转换。

有如下几点需要进一步做出说明。一是在 1990~1993 年、1994~1997 年，中西部地区服务业就业占比扩张速度高于东部地区，并不能说明在此期间，中西部地区服务业发展更为迅速，原因应归于中西部地区内制造业发展的滞后；二是从总体趋势来看，第三产业就业占比扩张速度在持续下降，表明服务业就业吸纳能力可能低于社会普遍预期，该趋势在东部地区和中西部地区都十分明显；三是考虑到 2003 年前后制造业和服务业 EASC 指数均已出现地区间显著的结构性变化，这再次明确了以 2003 年为分界点，有关产业结构转型升级对就业结构影响问题应采用两阶段比较研究方法的必要性。

表 2-2 东部和中西部地区代表省份分阶段三次产业 ESAC 指数 (1990~2012)

阶段	第一产业		第二产业		第三产业	
	东部地区	中西部地区	东部地区	中西部地区	东部地区	中西部地区
1990~1993 年	0.770	0.874	1.194	1.171	1.327	1.396
1994~1997 年	0.888	0.878	0.948	1.071	1.301	1.327

---

① 由于 1990 年之前有关省份分产业就业人数统计数据缺失，这里对 ESAC 指数的计算仅追溯到 1990 年。
② 数据来源于 1991~2013 年相关各省份统计年鉴。

续表

阶段	第一产业		第二产业		第三产业	
	东部地区	中西部地区	东部地区	中西部地区	东部地区	中西部地区
1998~2003 年	0.620	0.880	1.257	1.136	1.262	1.182
2004~2008 年	0.559	0.752	1.154	1.368	1.238	1.204
2009~2012 年	0.680	0.833	1.111	1.153	1.176	1.119

三 基于产业就业结构偏离度（DDIE）对就业潜力的测度

（一）DDIE 指数介绍

按照"产业结构演进理论"，伴随着经济的发展或人均国民收入水平的提高，产业结构和就业结构将沿着一二三次产业方向逐序演进。但是由于不同产业间劳动生产率的差异，产业结构与就业结构的对应关系在不同产业间有时会出现显著分化。此外，由于发展阶段的差异或技术水平的差异，不同国家之间以及同一国家不同地区之间、同一产业内部产业结构与就业结构对应关系也可能存在明显分化。这里将借助产业就业结构偏离度（Deviation Degree between Industrial and Employment Structure，DDIE）对不同地区产业和就业结构间的差异进行刻画。DDIE 可以用来衡量产业结构与就业结构之间在产业结构转型升级背景下的协同变动趋势。

DDIE 的计算公式如下：

$$DDIE_{ti} = \frac{y_{ti}}{l_{ti}} - 1 \qquad (2-2)$$

上述计算公式可进一步进行如下变换：

$$DDIE_{ti} = \frac{y_{ti}}{l_{ti}} - 1 = \frac{Y_{ti}}{Y_t} / \frac{L_{ti}}{L_t} - 1 = \frac{Y_{ti}}{L_{ti}} / \frac{Y_t}{L_t} - 1 = \frac{\omega_{ti}}{\omega_t} - 1，即：$$

$$DDIE_{ti} = \frac{\omega_{ti}}{\omega_t} - 1 \qquad (2-3)$$

其中，y_{ti} 表示 t 期 i 产业产值占国内生产总值的比重，l_{ti} 表示 t 期 i 产业就业人数在社会总就业量中的占比，Y_{ti} 表示 t 期 i 产业增加值，Y_t 表示

t 期国内生产总值，L_{ti} 表示 t 期 i 产业就业人数，L_t 表示 t 期社会总就业量，ω_{ti} 用来刻画 t 期 i 部门平均劳动生产率，ω_t 用来刻画 t 期社会平均劳动生产率。

DDIE 表征如下：当 $DDIE_{ti} = 0$ 时，表示 t 期 i 产业产值占比与就业占比趋于一致，产业结构与就业结构间无偏离。更进一步来说，当 $DDIE_{ti} = 0$ 时，表明 t 期 i 产业中的部门平均劳动生产率接近社会平均劳动生产率；当 $DDIE_{ti} > 0$ 时，表示 t 期 i 产业产值占比大于就业占比，产业结构与就业结构存在正偏离。此时，亦表明 i 产业所属部门平均劳动生产率大于社会平均劳动生产率。由于劳动人口总是向劳动生产率高的部门流动，DDIE 值较大的部门往往成为吸引就业的主要部门；而当 $DDIE_{ti} < 0$ 时，表示 t 期 i 产业产值占比小于就业占比，产业结构与就业结构存在负偏离。此时，则说明 i 部门平均劳动生产率小于社会平均劳动生产率。基于相同的劳动人口产业流动规律，DDIE 值较小的部门往往成为劳动人口移出的主要部门。

（二）基于 DDIE 指数的中国整体变动趋势

基于 DDIE 指数计算 1978~2012 年中国三次产业间的产业结构与就业结构协同变动趋势①，如图 2-5 所示。

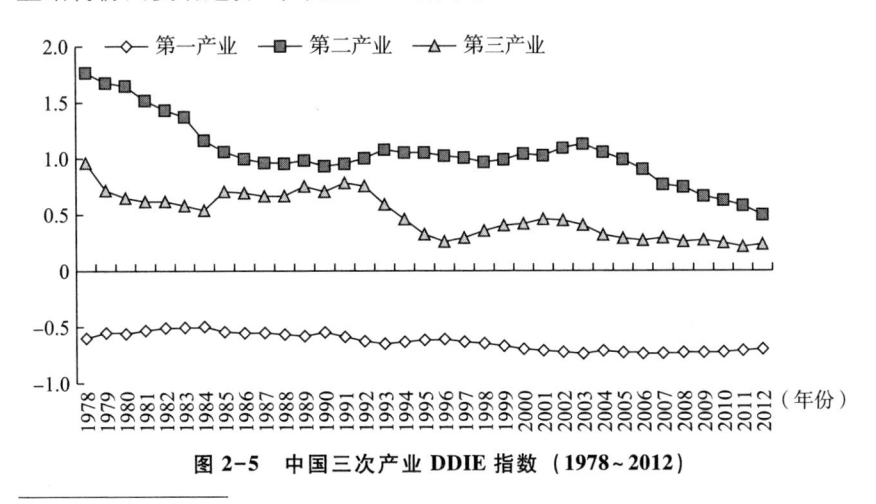

图 2-5　中国三次产业 DDIE 指数（1978~2012）

---

① 数据根据《中国统计年鉴 2013》计算而来。

图 2-5 显示，自 1978 年以来，第一产业 DDIE 指数始终处在 -0.5 以下，这说明农业部门产值占比长期小于就业占比。这种结果与历史吻合。中国经济起步于一穷二白的落后农业国基础之上，新中国成立之后，赶超战略下推行的城乡户籍流动限制政策、工农业产品价格"剪刀差"政策，以及重工业优先发展等政策，加之改革开放之后农村地区长期的金融抑制，使得农业部门劳动生产率一直以来无法获得实质性提高。就业层面上，在城乡二元经济结构之下，农业部门扮演了剩余劳动力蓄水池的作用。需要指出的是，虽然近年来国家层面大力倡导农业发展，并连续多年将"三农"问题列入政府头号文件，但图 2-5 显示，农业部门 DDIE 指数仍然在负位徘徊，农业人口转移压力仍将持续存在。

此外，从第二产业和第三产业联合比较来看，两大部门 DDIE 指数自 1978 年以来一直处于零位线之上，这说明不管是对制造业而言还是对服务业而言，产值占比长期大于就业占比。DDIE 指数还说明两大部门劳动生产率长期高于社会平均劳动生产率，推动农业人口持续向两大部门流入。上节基于就业结构超前系数（ESAC）的计算也印证了这一点。然而需要指出的是，从趋势来看两大部门 DDIE 指数正在不断下降，随着部门内劳动生产率趋近于社会平均劳动生产率，两大部门对劳动人口的吸引能力正在减弱。

另外，从纵向来看，制造业部门 DDIE 指数长期高于服务业部门，这是由过去 30 余年来中国经济处于从农业化向工业化转型的特定发展阶段决定的。与服务业部门相比，制造业部门成为改革开放以来农业部门剩余劳动力转移的主要去向。而值得注意的是，图 2-5 还显示，自 2003 年以来服务业 DDIE 指数与制造业 DDIE 指数的缺口不断缩小，这表明两部门平均劳动生产率不断接近。此亦表明，从全国范围来看，两部门就业潜力正在趋同。然而上述基于全国数据计算得出的结果，其理论含义和政策含义还可谓平常无奇，那么接下来，基于地区间代表省份数据计算得到的结果，则清晰地揭露了隐藏在全国数据背后的事实：东部地区和中西部地区正在悄然发生着深刻分化。

(三) 基于 DDIE 指数的地区变动趋势

图 2-6[①]清晰地显示，2003 年已不仅成为东部地区，亦成为中西部地区制造业部门和服务业部门 DDIE 指数趋势的转折年。

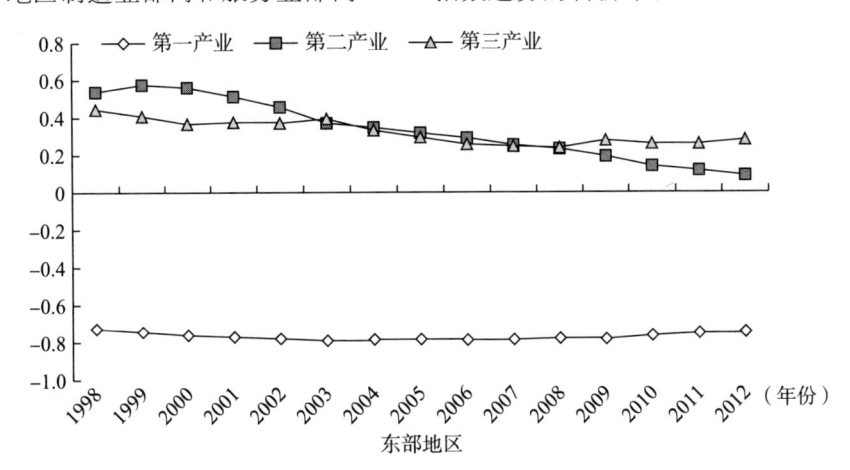

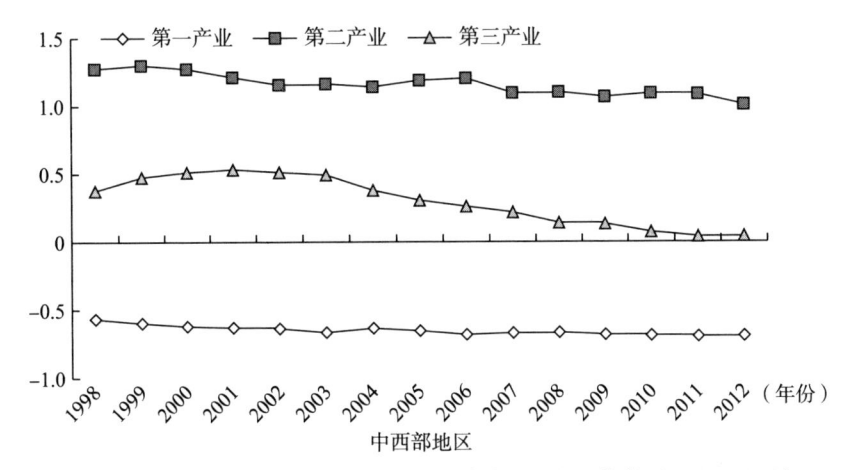

图 2-6 东部和中西部地区代表省份三次产业 DDIE 指数 (1998~2012)

具体来看，东部地区自 2003 年开始经过五年盘整期后，进入 2008 年以来，服务业 DDIE 指数已反超制造业，且随着时间的推移服务业部门 DDIE 指数领先趋势还在不断扩大。这说明，以 2003 年为界东部地区制造业部门和服务业部门间劳动生产率已呈现本质上的结构性错位变

---

① 数据根据 1999~2013 年相关省份统计年鉴整理计算而来。

化。不同于全国范围内的一般趋势，2003年之后，伴随着服务业DDIE指数的反超，服务业部门平均劳动生产率已超越制造业部门平均劳动生产率。可以推定，随着中国劳动力要素市场化改革的进一步深化，服务业部门的就业潜力将不断释放，并终将成为东部地区未来吸引农业人口甚至制造业人口转移的主要来源。

另外，中西部地区服务业部门DDIE指数长期落后于制造业，保持了与全国DDIE指数相似的产业特点。但是，在2003年之后不同于服务业与制造业DDIE指数缺口不断拉近的全国趋势，中西部地区两者的缺口不断扩大。这说明，在2003年以后全国范围内服务业部门平均劳动生产率趋近于制造业部门的大背景下，中西部地区服务业部门平均劳动生产率与制造业部门的差距却在逐年扩大。对现象背后原因的解释，除了长期以来中西部地区服务业发展滞后的自身因素外，近年来由东向西发生的制造业跨区域转移应是更为直接的推动因素；还可以推定，随着中西部地区制造业比较优势继续强化，基于同样的劳动人口产业流动规律，制造业部门将成为中西部地区吸纳农业转移人口的主要来源。

而从2012年数据看，东部地区制造业DDIE指数已逼近0，这表明该地区制造业部门平均劳动生产率已接近社会平均劳动生产率，制造业部门的就业潜力已十分有限。2008年以来，东部地区制造业中出现的劳动力回流现象，印证了上述理论分析结果。转向中西部地区，2012年，服务业DDIE逼近0，这表明中西部地区服务业部门的平均劳动生产率已趋近社会平均劳动生产率。在新兴服务性产业尚未出现的情况下，地区内服务业部门就业潜力已走向极限。前文发现的2003年前后中西部地区出现的"产业结构逆向演进"现象，则印证了该部分理论分析结果。需要进一步指出的是，农业部门DDIE指数各地区仍普遍处于-0.5以下，表明农业剩余劳动力转移仍将任重而道远。在制造业和服务业部门就业潜力紧缩的背景下，就业问题在宏观政策目标中的位置将更为重要。

第二节　产业结构转型升级的方向和速度区分

一　转型升级方向和速度对就业的影响机制

早在1940年，科林·克拉克（Colin Clark）就曾指出，产业结构转化的本质是对涵盖物质资源、劳动力等生产要素进行再配置的动态过程。以此角度来看，产业结构转型升级的方向和速度实际上是劳动要素产业流动方向和产业流动速度的外化表象。从结构趋势来看，发达国家产业结构集中趋势与就业结构转移趋势，呈现相似的一二三产业顺序演进的过程，此即产业结构演进理论。在特殊国情之下，中国产业结构集中趋势与就业结构转移趋势之间所呈现的鲜明特征，已基于相关指标在上节内容中予以刻画。接下来的问题是，在结构层面之外、总量层面上，产业结构转型升级又将给就业带来怎样的影响。对此，本书把产业结构转型升级分解为转型升级的方向和转型升级的速度两项指标，以分别反映转型升级对就业的影响。

产业结构转型升级方向，代表了新产业兴起、旧产业衰退间的交替趋势。新产业的兴起，代表了新兴社会分工的拓展和新型生产技术的应用，推动人类生产边界进一步扩大。新产业的兴起在推动经济发展的同时，在就业层面上表现为一种创造效应。同时，旧产业的衰退，则代表了基于相关产业的社会分工或生产技术已无法满足人类生产生活的最新需要，或者说，在开放贸易条件下，这些产业的比较优势已丧失殆尽。因此，旧产业的衰退在引导资源合理配置的同时，在就业层面上还表现出一种破坏效应。由于产业结构转型升级的任意方向总是伴随着新产业兴起和旧产业衰退两种现象，因此，产业转型升级方向在社会就业总量层面上表现为某种创造和破坏的综合效应。此外如果考虑到新旧产业不同的资本有机构成特点，上述就业影响的综合效应将变得更为复杂。

产业结构转型升级速度，代表了新旧产业交替的变动强度。当转型升级速度由弱变强时,其在总量层面上对社会就业的影响也表现出某种抑制和加速的综合效应。抑制作用表现在,由于各行业内均不同程度地存在人力资本专用性,加之信息搜寻成本的存在,就业结构与产业结构之间的匹配总是需要一定的时间。因此,当产业结构发生剧烈变动时,结构性失业和摩擦性失业引致的就业抑制将非常明显,短期内其甚至会超过转型升级本身带来的创造效应。加速作用则表现在,基于中国二元人口结构实际国情,农业部门大量隐性失业长期存在。在跨越刘易斯拐点之前或跨越之后的短暂时期内,制造业和服务业部门发展所需的劳动力可被视为无限供给。因此,当产业结构发生剧烈变动时,就业创造效应得以加速,表现为短期内社会总就业量显著增加。

需要指出的是,不管是对转型升级方向综合效应而言,还是对转型升级速度综合效应而言,对于就业的影响,除了各自内部两种背向因素的角力之外,还与一国或地区经济发展阶段或产业发展阶段有着密切关系。如果将视角定位于农业社会向工业社会转型阶段,其所得出的研究结论,与工业社会向后工业社会甚至向信息社会转型阶段视角下所得的研究结论,可能相去甚远。例如,从中国的实际情况出发,蒲艳萍和陈娟(2008)、朱轶和熊思敏(2009)研究发现,2005年以前,中国产业结构转型升级方向与就业呈正相关关系,而产业结构转型升级速度与就业呈负相关关系。上述研究结论表明,当产业结构处于由一产向二三产转型时期时,制造业和服务业发展程度越高,社会就业量越大;而制造业和服务业转型速度越快,社会就业量则越小。

由于当前中国经济已站在由二次产业向三次产业跨越的历史窗口,在工业社会向后工业社会转型时期,对产业结构转型升级背景下就业影响机制的研究具有更为迫切的现实意义。因此,本书关于产业结构转型升级对就业以及对后文收入分配的影响研究,将以面向后工业化的全新视角展开。

二 产业结构转型升级方向指数(DTU)

(一)DTU 指数说明

产业结构转型升级方向指数的设计,在反映一国或地区产业结构高级化程度的同时，还应对当前所处的转型升级阶段特点予以充分反映。例如，蒲艳萍和陈娟（2008）、朱轶和熊思敏（2009）的研究，是以二三次产业产值之和在 GDP 中的占比，或以二三次产业产值分别在 GDP 中的占比来刻画产业结构转型升级的方向。上述学者提出的指数设计方法，优点是能全面反映三次产业结构变动的时间趋势，缺点则是无法对制造业向服务业演进的时代特点予以充分反映。

本章参考干春晖等（2011）提出的设计方法，以三产产值在 GDP 中占比与二产产值在 GDP 中占比之比，作为产业结构转型升级方向指数（Direction of Transformation and Upgrading，DTU），以体现"产业服务化"的时代趋势。在此基础上，由于后文层级回归设计需要，本章还设计了生产性服务业转型升级方向指数（Productive Direction of Transformation and Upgrading，PDTU）和生活性服务业转型升级方向指数（Living Direction of Transformation and Upgrading，LDTU），以分别反映向服务业中两类迥异的行业转型升级过程本身给就业带来的影响。以 DTU 的设计为例分析如下。

DTU 的计算公式如下：

$$DTU_t = \frac{y_{3t}}{y_{2t}} \qquad (2-4)$$

该公式可进一步进行如下变换，$DTU_t = \frac{y_{3t}}{y_{2t}} = \frac{Y_{3t}}{Y_t} / \frac{Y_{2t}}{Y_t} = \frac{Y_{3t}}{Y_{2t}}$，即：

$$DTU_t = \frac{Y_{3t}}{Y_{2t}} \qquad (2-5)$$

其中，y_{3t} 代表 t 期三产产值在 GDP 中的占比，y_{2t} 代表 t 期二产产值在 GDP 中的占比，Y_{3t} 代表 t 期三产增加值，Y_{2t} 代表 t 期二产增加值，Y_t 则代表 t 期国内生产总值。DTU 表征如下：当 t 期二、三次产业产值占比相同时，$DTU_t = 1$；当 $DTU_t > 1$ 时，表明在 GDP 中，三产占比超过了二产占比，且数值越大超越程度越大；而当 $0 < DTU_t < 1$ 时，则表明在 GDP 中，三产占比落后于二产占比，且数值越小落后差距越大。此外，

式（2-5）即为干春晖等（2011）设计的产业结构高级化指数。DTU指数的好处是能使人们更好地理解产业结构转型升级方向的变动趋势。

（二）基于 DTU 指数的产业结构转型升级方向变动态势

基于 DTU 指数计算 1978 年到 2012 年东部地区和中西部地区产业结构转型升级方向变动趋势①，如图 2-7 所示。

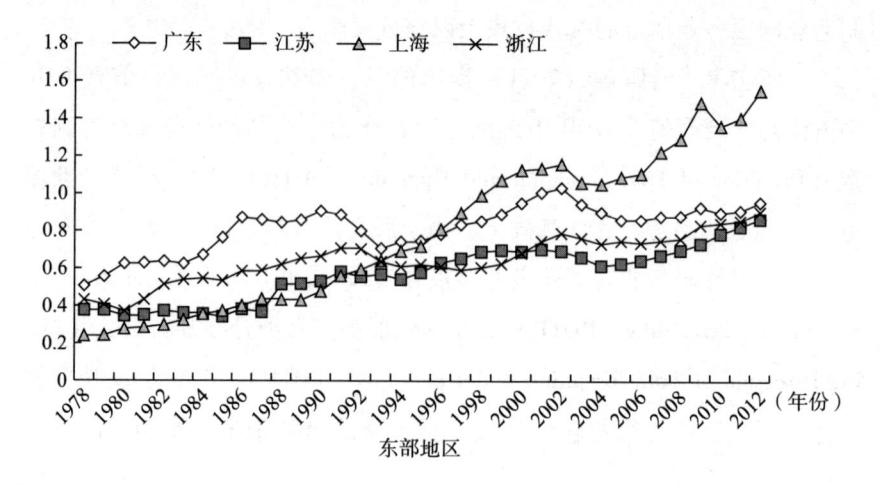

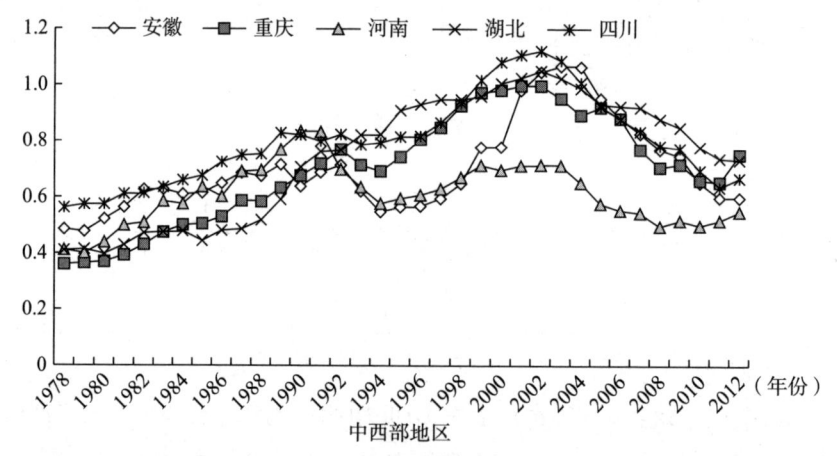

图 2-7 东部和中西部地区代表省份 DTU 指数（1978~2012）

图 2-7 显示，2003 年再次成为东部地区和中西部地区"产业服务化"转型升级态势的分界点。2003 年之前，中西部地区同东部地区

---

① 数据根据 1985~2013 年相关省份统计年鉴整理计算而来。

DTU 指数都整体保持上升态势，这说明各地区均呈现显著的产业服务化趋势。虽然在此前阶段，各地区代表省份 DTU 指数普遍小于1，但随着时间的推移，该指数不断逼近1甚至超过1。在2003年之前，至少有一半省份的 DTU 指数越过了1，这说明相关省份 GDP 中的服务业占比已开始超越制造业占比（如上海、广东、安徽、重庆、湖北、四川）。但2003年之后，中西部地区未能延续之前的服务化转型升级态势，DTU 指数开始急剧下滑。而与此同时，东部地区在经历了短暂的趋势回调之后，再次回到之前的产业服务化转型升级路径中。

可见，自2003年以后，东部和中西部地区已分别进入方向迥异的转型升级路径。如果将东部地区进入的路径称为"产业服务化"转型升级路径的话，那么，中西部地区所进入的路径，则可称为"产业再制造化"转型升级路径。对两者路径分化原因的解释包括之前提到的制造业跨区域转移这一外部因素。另外，在大国经济中，在制造业尚未充分发展的条件下，服务化转型升级路径的不可持续应当是中西部地区产业再制造化的根本原因。通过随后有关就业以及收入分配研究的不断深入可以发现，中西部地区产业结构转型升级中的再制造化，有着符合经济学的逻辑基础。凭借人力资本比较优势的发挥，产业再制造化在确保中西部地区就业稳定的前提下，对地区内平均工资水平提升亦利大于弊。

三 产业结构转型升级速度指数（STU）

这里构造的产业结构转型升级速度指数（Speed of Transformation and Upgrading，STU），是基于反映产业结构变动强度的产业结构变动值（K-Value）和 Moore 结构变动值（M-Value）[①] 经过加权处理计算得来的。因此在引入 STU 之前，需要分别对 K-Value 和 M-Value 加以介绍。

（一）产业结构变动值（K-Value）

K-Value 是在将整个国民经济划分为 n 个产业部门的基础上，基于

---

① 参考 Moore（1978）。

观察期间各个部门在 GDP 中末期产值占比与基期产值占比的绝对值，经过加总，计算而来的用以反映产业结构变动强度的指标。

K-Value 的计算公式如下：

$$K\text{-}Value_{t_0-t_1} = \sum_{i=1}^{n} |q_{i,t_1} - q_{i,t_0}| \qquad (2\text{-}6)$$

其中，$K\text{-}Value_{t_0-t_1}$ 表示基期到末期整个观察期间产业结构变动的平均速度，q_{i,t_0} 表示基期 i 产业产值在 GDP 中的占比，q_{i,t_1} 表示末期 i 产业产值在 GDP 中的占比，t_0 表示基期，t_1 表示末期，i 为产业编码。可以发现，K-Value 取值区间为（0，+∞）。K-Value 表征如下：当 $K\text{-}Value=0$ 时，表示从基期到末期，产业结构完全固化，未发生任何产业内的轻微变动；当 $K\text{-}Value>0$ 时，表示从基期到末期，产业结构出现变动，且 K-Value 数值越大，说明产业结构变动强度越大。K-Value 的好处是，能够对任意产业内的轻微变动给予反映，但缺点是其不能对具体某个产业的变动情况给予显示，且无法分辨产业结构变动中谁进谁退的互动关系。

（二）Moore 结构变动值（M-Value）

M-Value 的构造借助空间向量数学方法。同样将整个国民经济划分为 n 个产业部门。同一时期，n 个部门产值在 GDP 中的占比构成一组 n 维向量。在此基础上，基期和末期对应的两组 n 维向量将形成一个向量夹角 θ。θ 的大小就可用来反映产业结构变动的强度。向量夹角 θ 与 M-Value 的对应关系为：

$$Cos\theta = M\text{-}Value, \theta = arcCos(M\text{-}Value)$$

M-Value 的计算公式如下：

$$M\text{-}Value_{t_0-t_1} = \sum_{i=1}^{n}(\omega_{i,t_0} \times \omega_{i,t_1})/[(\sum_{i=1}^{n}\omega_{i,t_0}^2)^{\frac{1}{2}} \times (\sum_{i=1}^{n}\omega_{i,t_1}^2)^{\frac{1}{2}}] \qquad (2\text{-}7)$$

其中，ω_{i,t_0} 表示基期 i 产业产值在 GDP 中的占比，ω_{i,t_1} 表示末期 i 产业产值在 GDP 中的占比，t_0 表示基期，t_1 表示末期，i 为产业编码。可以发现 M-Value 取值区间为（0，1］。M-Value 表征如下：当 $M\text{-}Value=1$ 时，对应的夹角 θ 取值为 0，表示从基期到末期产业结构完全固化，未发生任何产业变动；当 $0<M\text{-}Value<1$ 时，表示从基期到末期产业结构出现变动，且 M-Value 数值越小，对应的夹角 θ 越大，说明产业结构变动强度越大。M-Value 的好处是，能够对任意部门在经济中的结构变动做出敏感反映，且充分反映了产业结构变动中谁进谁退的互动关系。但缺点是无法像 K-Value 那样对产业结构中的轻微变动做出剧烈反映。

（三）基于 STU 指数的产业结构转型升级速度变动态势

虽然 K-Value 和 M-Value 各有利弊，但两者对产业结构变动速度的反应趋势是一致的。为充分利用两者各自的优点，取两者的算术平均值构造产业结构转型升级速度指数（Speed of Transformation and Upgrading，STU），即：

$$STU_t = \frac{1}{2} \times (K^+ + arcCosM^+) \qquad (2-8)$$

其中，K^+ 代表 K-Value，M^+ 代表 M-Value。基于 STU 指数计算 1978～2012 年东部地区和中西部地区产业结构转型升级速度变动态势①，如图 2-8 所示。

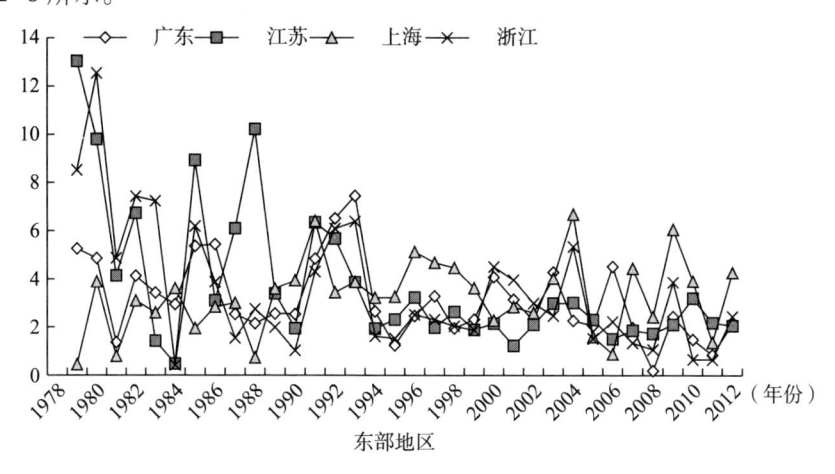

---

① 在 STU 指数计算过程中，将整个国民经济按照一二三次产业部门进行划分。

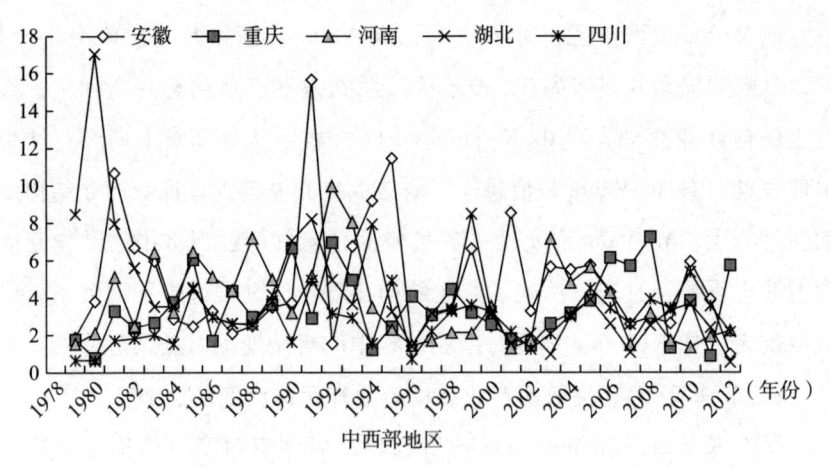

图 2-8　东部和中西部地区代表省份 STU 指数（1978~2012）

注：1978 年为基期，故无数字。

图 2-8 显示①，将东部地区和中西部地区横向比较来看，在东部地区，STU 指数随着时间推移数据波动逐渐减弱，整体呈现较为明显的收敛性。这说明，伴随着经济发展，东部地区产业结构转型升级速度正趋于放缓；而在中西部地区，随着时间的推移，STU 指数波动程度并未发生显著变化。这说明，中西部地区仍处于产业结构转型升级的剧烈动荡期。

第三节　转型升级就业结构影响模型的推导和设定

一　基于柯布-道格拉斯函数（CDF）对就业影响模型的推导

假定社会生产函数满足柯布-道格拉斯函数（Cobb-Douglas Function，CDF）形式，即：

$$Y_t = A(t)K_t^\alpha L_t^\beta \tag{2-9}$$

其中，Y_t 代表 t 期社会实际产出，用实际 GDP 表示；$A(t)$ 代表 t 期技术进步系数，根据研究的需要，这里作为外生变量；K_t 代表 t 期社会

---

① 数据根据 1985~2013 年相关省份统计年鉴整理计算而来。

资本存量；L_t 代表 t 期社会总就业量，用全社会各行业从业人员数表示。参数 α 代表资本产出弹性系数，参数 β 代表劳动产出弹性系数。假定社会资本存量保持不变，用 MP_l 代表增加单位劳动创造的边际产出，则有 $MP_l = \Delta Y/\Delta L$。而当假定社会总就业量保持不变时，用 MP_k 代表增加单位资本创造的边际产出，则有 $MP_k = \Delta Y/\Delta K$。

进一步假定，整个社会生产过程是由众多厂商在充分竞争的市场上实现的，那么，当资本存量保持不变时，无差异厂商的边际利润函数可表示为 $\Delta \pi = p \cdot MP_l - w_t \cdot 1$。其中，$p$ 表示产品价格，w_t 表示劳动工资。按照理性人经典假设，当厂商追逐利润最大化目标时，应满足边际利润为零的一阶条件，即 $p \cdot MP_l = p \cdot \Delta Y/\Delta L = p \cdot \beta A(t) K_t^\alpha L_t^{\beta-1} = w_t$，整理得：

$$w_t = p\beta A(t) K_t^\alpha L_t^{\beta-1} \tag{2-10}$$

当社会总就业量保持不变时，此时无差异厂商的边际利润函数相应地可表示为 $\Delta \pi = p \cdot MP_k - r \cdot 1$。其中，$p$ 表示产品价格，r 表示资金成本。同样在理性人经典假设下，当厂商追逐利润最大化目标时，此时边际利润应满足的一阶条件为 $p \cdot MP_k = p \cdot \Delta Y/\Delta K = p \cdot \alpha A(t) K_t^{\alpha-1} L_t^\beta = r$，整理得：

$$r = p\alpha A(t) K_t^{\alpha-1} L_t^\beta \tag{2-11}$$

联立式（2-10）、（2-11），经过化简并整理得到：

$$K_t = \frac{\alpha}{\beta} \cdot \frac{w_t}{r} \cdot L_t \tag{2-12}$$

将式（2-12）代入式（2-9），相应地有 $Y_t = A(t) \cdot \left(\frac{\alpha}{\beta} \cdot \frac{w_t}{r} \cdot L_t\right)^\alpha \cdot L_t^\beta$，整理取对数：

$$\ln Y_t = \ln\left[A(t) \cdot \left(\frac{\alpha}{\beta r}\right)^\alpha\right] + \alpha \ln w_t + (\alpha + \beta) \ln L_t \tag{2-13}$$

在式（2-13）的基础上，经过简单的数学变换，即可得到基于 CDF 形式的转型升级对就业影响的基本模型：

$$\ln L_t = \theta_0 + \theta_1 \ln Y_t + \theta_2 \ln w_t \tag{2-14}$$

其中，$\theta_0 = -\ln A(t) - \alpha \ln \dfrac{\alpha}{\beta r}$，$\theta_1 = \dfrac{1}{\alpha+\beta}$，$\theta_2 = \dfrac{\alpha}{\alpha+\beta}$。需要说明的是，由于本章主要关注产业结构转型升级对就业的影响，因此这里将技术进步系数 $A(t)$ 作为外生变量进行了处理[1]。同样，由于资本变动对就业的影响也不是本章关切的内容，因此这里将资金成本 r 同样进行了外生化处理。在此基础上，聚焦产业结构转型升级影响下的就业基本模型可进一步表示为：

$$\ln L_t = c + \theta_1 \ln Y_t + \theta_2 \ln w_t + \gamma_t + \varepsilon_t \tag{2-15}$$

式（2-15）即为社会总就业量的需求决定模型，其中 γ_t 控制了包含来自技术进步的外部冲击，ε_t 吸纳了地区效应和时间效应的随机扰动。

二 基于层级回归法（HRM）逐步扩展的就业影响模型设定

式（2-15）可作为产业结构转型升级就业影响模型的基本检视模型。在利用层级回归法（Hierarchical Regression Method，HRM）对产业部门进行逐步分类的基础上，可以将产业结构转型升级（书中通过 DTU 指数和 STU 指数进行刻画）给就业造成的影响逐步进行显示。层级回归中的层级是以回归模型所包含的自变量逻辑关系进行划分的。在逻辑关系中，越是处在基础逻辑层的变量，层级等级越高。与传统回归分析中基于对因变量解释程度大小作为自变量取舍标准不同，HRM 对自变量的引入是基于特定变量在逻辑关系中出现的顺序。HRM 的优点是，能够在特定的研究领域中对事物发展的动态逻辑给予反映，从而摆脱了只注重解释程度而忽视普遍联系的研究思维。此外，该方法内含逻辑嵌套关系，从而使得高层级回归结果可以为较低层级回归所参考。

---

[1] 作者曾基于 Malmquist 指数方法，利用数据包络分析程序 DEAP2.1 对东部地区 4 省份和中西部地区 5 省份 1990~2012 年的技术进步系数进行了计算。在随后介绍的层级回归下，将该系数导入社会总就业量需求决定模型后，发现技术进步对就业的影响始终不显著。该结论在朱轶和熊思敏（2009）的研究中也得到了证实。

第二章 产业结构转型升级对就业结构的影响

在介绍基于 HRM 逐步扩展的转型升级就业影响模型之前,需要对如下四项假定进行声明:(1)社会总就业量(L_t)与社会实际产出(Y_t)、平均实际工资(w_t)、产业结构转型升级方向(DTU)和产业结构转型升级速度(STU)之间,始终满足柯布-道格拉斯函数基本形式;(2)技术进步系数 A 和资金成本 r 在社会总就业量需求决定模型当中,可以作为外生变量加以控制;(3)产业结构转型升级概念的外延,可以由二产(制造业)向三产(服务业)的转型进行界定;(4)为反映服务业内部就业特征的巨大差异,划分生产性服务业与生活性服务业以近似反映是合意的。在上述假定下,基于式(2-15)进行第一次扩展,得到第一层扩展后的产业结构转型升级影响下的社会总就业量需求决定模型,即:

$$\ln L_t = c + \theta_1 \ln Y_t + \theta_2 \ln w_t + \theta_3 DTU_t + \theta_4 STU_t + \gamma_t + \varepsilon_t \quad (2-16)$$

其中,γ_t 控制了包含来自技术进步的外部冲击,ε_t 吸纳了地区效应以及时间效应的随机扰动。式(2-16)可以用来反映当制造经济向服务经济转型升级时,产业结构转型升级方向和速度分别给就业带来的影响。但是,与制造业相比,由于服务业内部两类行业在人力资本构成和就业创造弹性方面差异巨大,因此,在式(2-16)的基础上还需要进行第二层扩展,第二层扩展后产业结构转型升级影响下的社会总就业量需求决定模型如下:

$$\ln L_t = c + \theta_1 \ln Y_t + \theta_2 \ln w_t + \theta_3 \ln PDTU_t + \theta_4 \ln LDTU_t + \theta_5 STU_t + \gamma_t + \varepsilon_t$$

$$(2-17)$$

其中,$PDTU_t$ 和 $LDTU_t$ 分别为上文提到的生产性服务业转型升级方向指数,以及生活性服务业转型升级方向指数,这两个变量可分别用来反映当某地区制造经济分别向生产性服务经济和生活性服务经济转型时,两类差异巨大的转型升级路径给就业带来的影响。注意,式(2-17)对 STU_t 的估计,是在将整个国民经济划分为一产、二产、生产性三产和生活性三产基础上计算而来的,这与式(2-16)对 STU_t 的计算有所不同。

基于HRM的产业结构转型升级影响下的层级就业影响模型可归纳为：

模型Ⅰ：$\ln L_t = c + \theta_1 \ln Y_t + \theta_2 \ln w_t + \gamma_t + \varepsilon_t$

模型Ⅱ：$\ln L_t = c + \theta_1 \ln Y_t + \theta_2 \ln w_t + \theta_3 DTU_t + \theta_4 STU_t + \gamma_t + \varepsilon_t$

模型Ⅲ：$\ln L_t = c + \theta_1 \ln Y_t + \theta_2 \ln w_t + \theta_3 \ln PDTU_t + \theta_4 \ln LDTU_t + \theta_5 STU_t + \gamma_t + \varepsilon_t$

三 引入就业影响模型的数据来源和相关处理

进行模型实证之前，由于各省份统计年鉴结构不尽一致，且部分省份年鉴数据有缺失，因此需要在这里对引入就业影响模型的数据来源以及处理方法做出必要说明。在产业结构转型升级影响下的层级就业决定模型中，各指标情况如下。

社会总就业量（L_t），以东部地区4省份和中西部地区5省份相关年度地方年鉴中的从业人员数表示。其中安徽省该项目下1979年、1981～1984年、1986～1987年的数据缺失。为此，书中在缺失时段前后年份可采集数据的基础上，借助等距插值法，在合理范围内对缺失数据进行了插补。

社会实际产出（Y_t），以上述省份1978年地区生产总值为基准，在年度地方年鉴地区生产总值指数的基础上经过逐年计算而来。这种处理方法可以更加真实地反映各省份实际产出变动趋势。

平均实际工资（w_t），鉴于各省份缺少对社会从业人员平均工资的直接报告，这里用地方年鉴中的职工平均工资[1]来表示。在利用该项目下的数据之前，本书利用各地方年鉴中报告的城市居民消费价格指数进行了基准化处理，从侧面真实反映了1978年以来各省份从业人员平均实际工资的变动趋势。

---

[1] 采集对象主要涵盖在国有经济、城镇集体经济、联营经济、股份制经济、外商和港、澳、台投资经济，其他经济单位及其附属机构工作，并由其支付工资的各类人员。

第二章 产业结构转型升级对就业结构的影响

产业结构转型升级方向指数（DTU），按照式（2-4）的定义，以各省份相关年度三产产值占比与二产产值占比之比来表示。鉴于变量属于相对指标，不涉及具体数量指标，因此，计算数据直接来源于地方年鉴中的三次产业分地区生产总值数据。

产业结构转型升级方向指数的衍生变量PDTU和LDTU，参照式（2-4）的定义，分别以各省份年度"生产性服务业产值占比与二产产值占比之比"和"生活性服务业产值占比与二产产值占比之比"来表示。对生产性服务业、生活性服务业细分行业的划分，目前国家尚未颁布统一标准。鉴于2002年中国对《国民经济行业分类》进行了修订，本书以中间服务和最终服务作为划分标准，并尽量做到修订前后统计口径的一致性。

参考原毅军等（2009）的研究，本书将修订前的地质勘查业、水利管理业，交通运输、仓储及邮电通信业，金融、保险业，以及科学研究和综合技术服务业划归生产性服务业范畴，将修订后的交通运输、仓储和邮政业，信息传输、计算机服务和软件业，金融业，租赁和商务服务业，以及科学研究、技术服务和地质勘查业划归生产性服务业范畴。由于PDTU和LDTU变量同属于比重指标，不涉及具体数量指标，因此计算数据直接来源于相关年度地方年鉴中分行业增加值项目下的相应口径加总结果。

产业结构转型升级速度（STU），按照式（2-8）的定义需要首先计算反映转型升级强度的K-Value和M-Value，其计算过程可回顾式（2-6）和式（2-7）。涉及STU的计算数据，与涉及DTU的计算数据类似。由于基于比重指标，因此计算数据可以直接从相关年度地方年鉴中获得。需要说明的是，在层级回归模型公式（2-16）和（2-17）中，两个STU变量的计算基础是不同的。式（2-16）中STU的计算是基于三次产业的划分，因此，计算数据来自地方年鉴中三次产业分地区生产总值项目。式（2-17）中STU的计算则是在三次产业划分的基础上，进一步将服务业划分为生产性服务业和生活性服务业得到的，因此计算数据来自地方年鉴中分行业增加值项目。

第四节 转型升级对就业结构影响的实证评估

一 模型形式的设定和效应类型的选择

关于模型形式的设定，在面板数据基础上，运用 EViews 7.2 软件进行的 F 值计算显示，不管对中国整体而言，还是分地区而言，F 检验均支持选择变截距模型。而关于固定效应还是随机效应的选择，通过该软件进行的 Hausman 检验显示，层级回归中的模型Ⅰ、模型Ⅱ、模型Ⅲ绝大多数支持固定效应模型。此外，鉴于本章第一节分别在基于三次产业的 GDP 占比对产业结构变动趋势的描述、基于就业结构超前系数（ESAC）对就业结构变动趋势的描述和基于产业就业结构偏离度（DDIE）对就业潜力的测度中，发现了 2003 年前后中国各地区出现的结构性变化，因此，本书关于转型升级对就业影响的实证在时间维度上将以 2003 年为分界点，采取两阶段比较研究法具体展开。

（一）模型形式的设定

以中国整体为例，在层级回归模型中，分别采用变参数模型、变截距模型、混合模型形式计算 1978~2003 年和 2004~2011 年①残差平方和 S_1、S_2 和 S_3；在此基础上，再计算得到 F_1 和 F_2 统计量，结果如表 2-3 所示。

表 2-3 中国整体层级回归就业影响模型的 F 统计量

统计量	1978~2003 年			2004~2011 年		
	模型Ⅰ	模型Ⅱ	模型Ⅲ	模型Ⅰ	模型Ⅱ	模型Ⅲ
F_1 统计量	1.57	1.13	1.26	2.36	2.33	2.21

---

① 由于当年 STU 指数的计算需要借用下年产业部门的产值占比数据，而在最新的 2013 年地方年鉴中，相关数据只更新到 2012 年，因此，这里对层级回归模型进行实证的时间区段为 1978~2011 年。

续表

统计量		1978~2003 年			2004~2011 年		
		模型 I	模型 II	模型 III	模型 I	模型 II	模型 III
F_2 统计量		294.01	152.96	188.30	757.75	195.76	309.00
自由度计算中的 N、K、T 值①		9, 2, 26	9, 4, 26	9, 5, 26	9, 2, 8	9, 4, 8	9, 5, 8
对应临界值置信区间（99%）	F_1^*	2.09	1.79	1.70	2.43	2.45	2.84
	F_2^*	1.89	1.69	1.64	2.23	2.38	2.79
模型类型判断		变截距模型	变截距模型	变截距模型	变截距模型	变截距模型	变截距模型

注：①N 代表横截面对象数量，这里为 9 省份；K 代表模型自变量个数（不包含截距项）；T 代表时间跨期长度，这里为 26 年。

对模型形式的判定，以模型 III（1978~2003 年）为例。原假设：

H_1：$\beta_1 = \beta_2 = \cdots = \beta_N$

H_2：$\alpha_1 = \alpha_2 = \cdots = \alpha_N$

$\beta_1 = \beta_2 = \cdots = \beta_N$

首先判定假设 H_2，接受 H_2 则认为模型为混合模型，拒绝 H_2 则需进一步判定假设 H_1，接受 H_1 则认为模型为变截距模型，拒绝 H_1 则认为模型为变参数模型。因为在对应自由度下，99%置信区间内对应的 F 分布临界值分别为 F_1^*（40, 180）= 1.70、F_2^*（48, 180）= 1.64。显然，根据表 2-3，因为 $F_2 > F_2^*$，所以拒绝原假设 H_2，又因为 $F_1 < F_1^*$，所以接受原假设 H_1。由此判定模型 III（1978~2003 年）为变截距模型。对 1978~2003 年中的剩余模型、2004~2011 年的全部模型，以及东部地区和中西部地区模型的判定，不再逐一说明。经 F 值判定，上述模型均支持选择变截距模型。

（二）效应类型的选择

关于固定效应还是随机效应的选择，借助 EViews 7.2 中固定/随机效应检验（Fixed/Random Effects Testing）下的相关随机效应-霍斯曼检验（Correlated Random Effects-Hausman Test）进行计算，结果如表 2-4 所示。

表 2-4　层级回归就业影响模型的 Hausman 检验结果

地区	指标	1978~2003 年			2004~2011 年		
		模型Ⅰ	模型Ⅱ	模型Ⅲ	模型Ⅰ	模型Ⅱ	模型Ⅲ
全国整体	Hausman 统计量	59.846852	78.184003	49.173832	4.425758	18.870909	14.675119
	对应的 P 值	0.0000	0.0000	0.0000	0.1094	0.0008	0.0118
	效应类型	固定效应	固定效应	固定效应	随机效应	固定效应	固定效应
东部地区	Hausman 统计量	10.447108			223.2982		
	对应的 P 值	0.0054			0.0000		
	效应类型	固定效应			固定效应		
中西部地区	Hausman 统计量	29.70810	949.1046		27.230838	10775.863	
	对应的 P 值	0.0000	0.0000		0.0000	0.0000	
	效应类型	固定效应	固定效应		固定效应	固定效应	

对效应类型的选择，原假设：

H_0：模型为随机效应

在 10% 的显著性水平下，根据表 2-4，绝大部分模型 Hausman 统计量对应的 P 值小于 0.10，所以拒绝原假设 H_0，从而选择固定效应模型。

需要说明的是，首先，中国整体就业影响中的模型Ⅰ（2004~2011年），根据 Hausman 统计量的 P 值，理应选择随机效应。但是鉴于其 P 值为 0.1094，已经十分接近临界值 0.10。因此，在允许的范围内，这里仍然将其认定为固定效应。其次，由于 Hausman 中固定效应、随机效应的检验，必须基于随机效应的原假设进行判定，而随机效应要求面板数据截面个数严格大于回归系数个数，因此东部地区模型Ⅱ（1978~2003 年）、模型Ⅲ（1978~2003 年）、模型Ⅱ（2004~2011 年）和模型Ⅲ（2004~2011 年），以及中西部地区模型Ⅲ（1978~2003 年）和模型Ⅲ（2004~2011 年），无法对随机效应进行判定，故只能选择固定效应。

二 借助广义最小二乘法（GLS）对中国整体就业影响模型的实证和评估

由于在固定效应模型中普遍存在异方差和序列相关问题，若直接采用普通最小二乘法（Ordinary Least Squares，OLS）进行估计，将很难获得最优线性无偏的 BLUE 估计量，因此本书使用广义最小二乘法（Generalized Least Squares，GLS），以最大限度地克服异方差和序列自相关问题。

（一）模型实证报告

从中国整体来看，产业结构转型升级对就业影响的层级回归模型拟合结果如表 2-5 所示。

表 2-5　产业结构转型升级影响下的层级回归就业决定模型拟合结果

统计量		1978~2003 年			2004~2011 年		
		模型Ⅰ	模型Ⅱ	模型Ⅲ	模型Ⅰ	模型Ⅱ	模型Ⅲ
c	系数拟合值	7.476***	7.208***	7.157***	7.215***	6.914***	6.892***
	t 检验 p 值	0.000	0.000	0.000	0.000	0.000	0.000
$\ln Y_t$	系数拟合值	0.244***	0.274***	0.277***	0.214***	0.186***	0.155***
	t 检验 p 值	0.000	0.000	0.000	0.000	0.000	0.000
$\ln w_t$	系数拟合值	-0.167***	-0.163***	-0.168***	-0.103**	-0.036	-0.001
	t 检验 p 值	0.000	0.000	0.000	0.015	0.365	0.994
DTU_t	系数拟合值		-0.094***			0.163***	
	t 检验 p 值		0.000			0.000	
$PDTU_t$	系数拟合值			-0.040**			0.062***
	t 检验 p 值			0.025			0.003
$LDTU_t$	系数拟合值			-0.055***			0.109***
	t 检验 p 值			0.003			0.000
STU_t	系数拟合值		0.008**	0.010**		-0.004	-0.003
	t 检验 p 值		0.043	0.019		0.217	0.474
R-squared		0.991062	0.995184	0.995124	0.999044	0.999614	0.999433
Adjusted R-squared		0.990661	0.994923	0.994836	0.998888	0.999536	0.999306

续表

统计量	1978~2003年			2004~2011年		
	模型Ⅰ	模型Ⅱ	模型Ⅲ	模型Ⅰ	模型Ⅱ	模型Ⅲ
F-statistic	2472.55	3805.77	3454.05	6377.31	12740.35	7859.70
Prob（F-statistic）	0.000	0.000	0.000	0.000	0.000	0.000
观察值	234	234	234	72	72	72

***表示在1%的显著性水平下显著，**表示在5%的显著性水平下显著，*表示在10%的显著性水平下显著。

（二）模型结果评估

首先，从纵向的层级回归来看，不管是在1978~2003年，还是在2004~2011年，在模型Ⅰ、模型Ⅱ和模型Ⅲ中，社会实际产出（$\ln Y_t$）的系数为正，且在1%的显著性水平下显著，这与社会实际产出增加、能够显著扩大就业的经验事实相吻合。此外，在不考虑显著性水平的前提下，在模型Ⅰ、模型Ⅱ和模型Ⅲ中，平均实际工资（$\ln w_t$）的系数为负，这亦与平均实际工资上升将减少总就业量的一般经验事实相吻合。综合来看，在模型Ⅰ~模型Ⅲ中，社会实际产出和平均实际工资的系数表现合意，说明书中的层级回归就业决定模型具备良好的稳健性。

其次，从横向的拟合系数来看，产业结构转型升级方向（DTU）拟合系数在1978~2003年为负，而在2004~2011年为正。回顾前文对DTU指数的定义，该指数是基于三产产值在GDP中的占比，与二产产值在GDP中的占比之比来设计的。因此，1978~2003年系数为负，说明从中国整体来看，当产业结构由制造业向服务业转型时，就业的破坏效应整体大于创造效应。正如本章开篇所言，中国现代化进程起步于落后的农业国基础，2003年之前中国经济发展的首要目标是实现工业化。经过改革开放之后26年的发展，依托国际制造业FDI涌入和中国工业结构调整并举，中国在逐步成为全球制造大国的同时，制造业也成为吸纳农业转移人口的主要部门。这解释了1978~2003年假定中国产业结构向服务化转型，破坏效应显著大于创造效应的原因所在。

2004~2011年DTU系数由负转正且在1%的显著性水平下显著，说明自 2004 年以来,服务型经济发展引致的就业创造效应开始明显超过破坏效应。对现象的合理解释,仍然需要回到一国经济发展的历史长河当中。其一,中国在 20 世纪 90 年代后期,对以制造业为主的国有经济进行了大刀阔斧的改革,减员增效成为当时改革的重要内容之一。其二,伴随中国工业产品由结构性短缺向结构性过剩整体转变,资本深化成为 90 年代后期以来中国制造业发展的主旋律。其三,进入新千年之后,城市服务经济开始迅速崛起,并在高端专业服务和低端生活服务两个极端表现出明显的就业带动效应。在上述因素的共同作用下,进入 2004 年以后,吸纳农业转移人口的主要部门开始由制造业逐步转向服务业。上述趋势在近年来的东部地区格外显著,可回顾前文的分析。

再次,还是从横向的拟合系数来看,表示制造业向生产性服务业转型升级的方向指数(PDTU),其拟合系数表现出与向服务业整体转型升级时(DTU)的共同结构特征。即在 1978~2003 年为负且在 5% 的显著性水平下显著,而在 2004~2011 年为正且在 1% 的显著性水平下显著。此外,表示制造业向生活性服务业转型升级的方向指数(LDTU),其拟合系数亦表现出与向服务业整体转型升级时(DTU)的共同结构特征,即在 1978~2003 年为负且在 1% 的显著性水平下显著,而在 2004~2011 年为正且在 1% 的显著性水平下显著。PDTU 和 LDTU 拟合系数,与 DTU 拟合系数趋势一致,进一步增强了书中层级回归就业决定模型的稳健性。关于 PDTU 以及 LDTU 拟合系数,在 2003 年前后出现结构性变化的因素分析,可以参考上文对 DTU 拟合系数转折变化的解释。然而需要注意的是,从模型Ⅲ(2004~2011 年)来看,LDTU 拟合系数显著大于 PDTU 拟合系数,说明在服务型经济发展过程中,生活性服务业发展带来的就业创造效应显著大于生产性服务业。

对于上述现象背后原因的解释,从前文关于生产性服务业和生活性服务业的区分来看,生产性服务业主要分布在交通运输、仓储和邮政业,信息传输、计算机服务和软件业,金融业,租赁和商务服务业,科学研究、技术服务和地质勘查业等行业,而生活性服务业主要分布在批发和零售业，住宿和餐饮业，居民服务和其他服务业，文化、体育和娱乐业，卫生、社会保障和社会福利业等行业。Sassen（2012）认为，"进入制造业向服务业转型进程后，劳动力市场将经历深刻的组织变革。在当今的服务业部门中，行业的差异性正在被强化。一组服务行业趋向于资本-劳动比率不断深化，生产效率不断加强，并集约利用最先进的技术；另一组则倾向于维持劳动密集和低廉工资。第一组行业在高工资压力下需要不断追求更高的资本-劳动比率和更高的生产效率；而第二组行业里，低工资成为大范围使用资本密集型技术的阻碍，低劳动效率甚至导致了对廉价劳动者的更多需求"。Sassen 的研究结论主要是从社会学角度通过观察得出的，其研究虽然未能在经济学层面进行有效的解释，但对社会现象的深刻洞察还是为本书研究提供了宝贵的参考。

本书认为，上述两类服务性行业在就业特征方面出现的迥然分化，从经济学角度来看，应主要归因于人力资本在两类行业中积累方式的异化。生产性服务业倾向于人力资本质量型内部积累，生活性服务业则倾向于人力资本规模型外部积累。这就使得在"人力资本比较优势假说"下，随着产业结构转型升级的持续推进，在生产性服务业获得快速发展的同时，生活性服务业也将持续扩大。问题是，随着一定数量的高薪就业岗位的出现，更多数量的低薪就业岗位也将同时出现（可参考本书关于收入分配影响的研究）。需要指出的是，政府主导下的产业结构转型升级战略倾向于对上述对比鲜明又相互促进的两类服务业发展路径进行外部干预。对发展生产性服务业的偏好、对生活性服务业的限制，使得城市发展愈发清晰地呈现如下"悖论"：其一，有选择的服务化转型升级战略与扩大就业之间矛盾明显；其二，相互促进的两类服务业之间的纽带被人为割裂，最终将导致生产性服务业的发展缺乏支撑。

最后，依然从横向的拟合系数来看，表示产业结构转型升级速度的 STU 指数，在 1978~2003 年模型 II 和模型 III 中，拟合系数为正且在 5% 的显著性水平下显著，而在 2004~2011 年模型 II 和模型 III 中，拟合系数由正转负但统计不显著。这说明，在之前阶段当产业结构出现剧烈变

第二章　产业结构转型升级对就业结构的影响

动时，转型升级速度加快带来的就业加速效应大于抑制效应。可以想象的是，当经济发展处在由农业社会向工业社会转型时，落后的农业生产技术加之特殊国情导致的庞大农业人口，使得劳动力由农业部门进入制造业部门时，几乎无从谈起人力资本专用性问题。同时，在这段时期内，低水平的社会分工使得人力资本、企业生产技术同质性明显，这就使得当农业人口向制造部门转移时，在劳动力市场上表现出相对较低的信息搜集成本。上述因素使得1978~2003年STU指数表现为正。

但是进入2004~2011年，前文所述人口流动呈现如下新的特点：一是农业人口开始大规模向服务业部门流动，二是制造业人口有规模地向服务业部门流动。不难想象的是，中国制造业中的人力资本专用性在平均水平上显著高于农业部门。同时中国服务业发展是在制造业部门先行发展的基础上引起社会分工进一步扩大的结果。上文亦曾提及，与制造业部门相比，服务业部门的行业差异性正在不断强化。社会分工加之行业差异的扩大，最终使得农业部门甚至制造业部门劳动人口向服务业部门转移，其间劳动力市场上的信息搜集成本逐渐上升。基于上述对2004~2011年人力资本专用性和劳动市场信息搜集成本的考察，解释了当期STU指数由正转负的原因。

三　借助广义最小二乘法（GLS）对不同地区就业影响模型的实证和评估

（一）模型实证报告

在将中国整体划分为东部地区[①]和中西部地区[②]的基础上，关于划分地区后的层级回归就业影响模型拟合结果分别如表2-6和表2-7所示。

[①] 这里再次提醒注意的是，为保持与收入分配章节地区选择的可比性，此处东部地区选择广东、江苏、上海、浙江4省份为代表省份。
[②] 基于同样的原因，此处中西部地区选择安徽、河南、湖北、四川、重庆5省份为代表省份。

产业结构转型升级：如何影响就业结构和收入分配

表 2-6　东部地区产业结构转型升级影响下的层级回归就业影响模型拟合结果

统计量		1978~2003 年			2004~2011 年		
		模型 I	模型 II	模型 III	模型 I	模型 II	模型 III
c	系数拟合值	7.510***	7.013***	6.958***	7.009***	8.138***	7.907***
	t 检验 p 值	0.000	0.000	0.000	0.000	0.000	0.000
$\ln Y_t$	系数拟合值	0.226***	0.219***	0.225***	0.605***	0.773***	0.752***
	t 检验 p 值	0.000	0.000	0.000	0.000	0.000	0.000
$\ln w_t$	系数拟合值	-0.185***	-0.118***	-0.122***	-0.497***	-0.797***	-0.741**
	t 检验 p 值	0.000	0.002	0.002	0.003	0.006	0.015
DTU_t	系数拟合值		-0.086***			0.191	
	t 检验 p 值		0.000			0.178	
$PDTU_t$	系数拟合值			-0.015			0.030
	t 检验 p 值			0.468			0.740
$LDTU_t$	系数拟合值			-0.078***			0.102
	t 检验 p 值			0.001			0.329
STU_t	系数拟合值		0.004	0.007		0.000	0.001
	t 检验 p 值		0.445	0.283		0.965	0.876
R-squared		0.995869	0.997019	0.997220	0.998750	0.998981	0.998912
Adjusted R-squared		0.995658	0.996802	0.996986	0.998510	0.998684	0.998533
F-statistic		4724.50	4587.01	4259.23	4155.96	3362.62	2638.60
Prob（F-statistic）		0.000	0.000	0.000	0.000	0.000	0.000
观察值		104	104	104	32	32	32

*** 表示在1%的显著性水平下显著，** 表示在5%的显著性水平下显著，* 表示在10%的显著性水平下显著。

表 2-7　中西部地区产业结构转型升级影响下的层级回归就业影响模型拟合结果

统计量		1978~2003 年			2004~2011 年		
		模型 I	模型 II	模型 III	模型 I	模型 II	模型 III
c	系数拟合值	7.321***	6.942***	6.875***	7.279***	7.365***	7.312***
	t 检验 p 值	0.000	0.000	0.000	0.000	0.000	0.000
$\ln Y_t$	系数拟合值	0.275***	0.339***	0.336***	-0.051	-0.061	-0.065*
	t 检验 p 值	0.000	0.000	0.000	0.142	0.124	0.098

续表

统计量		1978~2003年			2004~2011年		
		模型Ⅰ	模型Ⅱ	模型Ⅲ	模型Ⅰ	模型Ⅱ	模型Ⅲ
$\ln w_t$	系数拟合值	-0.147***	-0.162***	-0.165***	0.157***	0.155***	0.160***
	t检验p值	0.001	0.000	0.000	0.000	0.001	0.000
DTU_t	系数拟合值		-0.179***			-0.030	
	t检验p值		0.000			0.547	
$PDTU_t$	系数拟合值			-0.054			-0.032
	t检验p值			0.129			0.175
$LDTU_t$	系数拟合值			-0.106***			-0.009
	t检验p值			0.003			0.818
STU_t	系数拟合值		0.022***	0.027***		0.001	0.003
	t检验p值		0.005	0.003		0.822	0.575
R-squared		0.977046	0.981914	0.981336	0.999305	0.999314	0.999351
Adjusted R-squared		0.975926	0.980718	0.979936	0.999179	0.999136	0.999156
F-statistic		872.58	821.16	701.05	7912.69	5641.61	5132.68
Prob（F-statistic）		0.000	0.000	0.000	0.000	0.000	0.000
观察值		130	130	130	40	40	40

***表示在1%的显著性水平下显著，**表示在5%的显著性水平下显著，*表示在10%的显著性水平下显著。

（二）模型结果评估

基于表2-6和表2-7拟合结果，以地区比较的视角，对产业结构转型升级分别给东部地区和中西部地区带来的就业影响进行分析。

1. 从纵向角度对各地区 $\ln Y_t$ 和 $\ln w_t$ 拟合系数的评估

在东部地区，表2-6显示不管是在1978~2003年，还是在2004~2011年，模型Ⅰ~模型Ⅲ中，社会实际产出（$\ln Y_t$）的系数为正，而平均实际工资（$\ln w_t$）的系数为负，且两者至少在5%的显著性水平下显著。该结果与前述中国整体结果相一致，这说明基于东部地区建立的层级回归就业影响模型亦具备良好的稳健性。然而在中西部地区，表2-7却显示以2003年为界发生了明显的结构性转变。具体来看，在1978~2003年，模型Ⅰ~模型Ⅲ中社会实际产出（$\ln Y_t$）的系数为正，平均实际工资（lnw_t）的系数为负，且两者均在1%的显著性水平下显著。该结果与中国整体、东部地区结果均无差异。但是，在2004~2011年，模型Ⅰ~模型Ⅲ中，社会实际产出（lnY_t）的系数由正转负，但整体并不显著，而平均实际工资（lnw_t）的系数则由负转正，且在1%的显著性水平下显著。

中西部地区模型Ⅰ~模型Ⅲ（2004~2011年），社会实际产出和平均实际工资拟合的结果，不仅与中国整体、东部地区结果不同，甚至与中西部地区2003年之前阶段的结果亦不同。拟合结果表明，该阶段内平均实际工资（lnw_t）上升，会显著增加就业。上述结论看起来似乎与经验事实背道而驰，那么，究竟是何种因素导致了上述明显的结构性变化？针对中西部地区建立的层级回归就业影响模型是否已不再具备良好的稳健性？对上述疑惑的解答仍然要回归到中国实际发展进程当中，才有可能发现事实。

图2-9显示了改革开放以来中西部地区代表省份就业量的增长变化趋势。可以发现，在2000年之后中西部省份总就业量的增长趋势明显放缓。其中中部地区的安徽、河南、湖北放缓趋势尚不显著，但是西部地区的四川、重庆的放缓趋势非常明显。重庆在2000年之后甚至出现了就业量负增长。按照《中国统计年鉴2013》的数据，截至2012年末

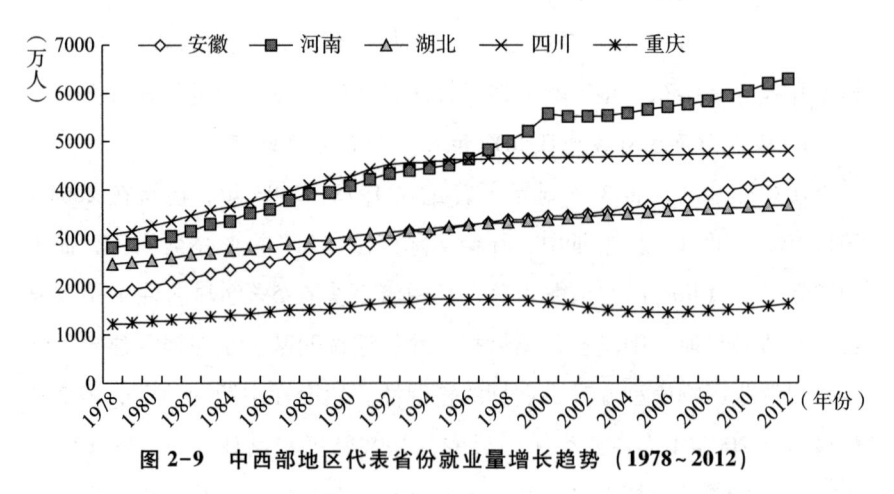

图2-9 中西部地区代表省份就业量增长趋势（1978~2012）

我国农业劳动人口仍然占据全国就业人员总量的 33.6%，农村人口更是占据全国总人口的 47.4%，中国农业剩余人口转移过程仍将持续。因此，伴随着产业结构转型升级，在封闭经济条件下，基于农业部门隐性失业显性化趋势，应绝无可能出现就业量负增长现象。由此推定，2000年之后中西部地区省份就业量增长放缓甚至收缩现象的出现，应主要来自劳动人口跨地区流动带来的东部地区与中西部地区间的再分布。

进一步可推定，驱动人口跨地区流动背后的主要因素，应主要归因于地区间的工资差异。图 2-10 显示了 1978 年以来，东部地区经过加权处理后的平均实际工资与中西部地区相比的溢价变化趋势。溢价指数计算过程可表示为：

$$PI_t = \frac{\sum_{i=1}^{4} w_{i \cdot t} \cdot (L_{i \cdot t}/L_{east \cdot t})}{\sum_{j=1}^{5} w_{j \cdot t} \cdot (L_{j \cdot t}/L_{cenwest \cdot t})} - 1 \qquad (2-18)$$

其中，PI_t 表示 t 期加权平均实际工资地区溢价指数，$w_{i \cdot t}$ 表示 t 期东部 i 省份实际平均工资，$w_{j \cdot t}$ 表示 t 期中西部 j 省份实际平均工资，$L_{i \cdot t}$ 表示 t 期东部 i 省份就业量，$L_{east \cdot t}$ 表示 t 期东部地区代表省份总就业量，$L_{j \cdot t}$ 表示 t 期中西部 j 省份就业量，$L_{cenwest \cdot t}$ 表示 t 期中西部地区代表省份总就业量。

PI_t 表征如下：当 $PI_t < 0$ 时，表明当年东部地区对中西部地区呈负溢价效应，前者加权平均实际工资水平低于后者；而当 $PI_t > 0$ 时，表明当年东部地区加权平均实际工资水平高于中西部地区，且 PI_t 指数越大，东部地区溢价效应越明显。图 2-10 清晰显示，以 2003 年为界，东部地区对中西部地区的 PI_t 指数整体呈现先升后降趋势。这说明，该期间中西部地区与东部地区之间的平均实际工资缺口正在缩小。而上述转换时点与中西部地区就业量趋势出现的转换时点恰好对应。因此，中西部地区工资增长对延缓当地就业收缩趋势具有重要作用。

图 2-10 东部地区对中西部地区加权平均实际工资溢价（1978~2012）

由此可以认为，2004~2011年，在模型Ⅰ~模型Ⅲ中，平均实际工资（lnw_t）的系数由负转正的显著现象，不仅没有对中西部地区层级回归就业影响模型的稳健性造成破坏，反而在事实上强化了该模型的实际解释能力。

2. 从横向角度对各地区产业结构转型升级相关指数拟合系数的评估

表 2-6 显示，东部地区相关转型升级指数的拟合结果，与中国整体报告结果在结构上几乎完全吻合。其中，产业结构转型升级方向（DTU）拟合系数，在 1978~2003 年为负，在 2004~2011 年为正，但是只在 1978~2003 年通过了显著性检验。而表示制造业向生产性服务业转型升级的方向指数（PDTU），以及表示制造业向生活性服务业转型升级的方向指数（LDTU）也都呈现与中国整体基本一致的特点，即在 1978~2003 年为负，在 2004~2011 年为正，但只有 1978~2003 年的 LDTU 指数通过了显著性检验。此外表示产业结构转型升级速度的 STU 指数，在 1978~2003 年，与中国整体结果类似，系数为正但未能通过显著性检验。而在 2004~2011 年，东部地区 STU 指数与中国整体报告结果有所差异，地区内系数在整体上接近 0，且显著性检验结果极不理想。由于整体上东部地区拟合结果与中国整体高度吻合，因此不再展开对东部地区相关变量拟合系数的具体评估，相应解释可参考中国整体部

第二章 产业结构转型升级对就业结构的影响

分有关内容。

然而，关于中西部地区产业结构转型升级相关变量拟合系数出现的跨期结构性变化，则引起了本书研究者的浓厚兴趣。表2-7显示，中西部DTU指数在1978~2003年为负且通过了1%的显著性水平下的显著性检验，这与中国整体和东部地区报告结果一致，说明中西部地区在2003年之前阶段，当产业结构由制造业向服务业转型时，就业的破坏效应同样在整体意义上大于创造效应。然而该指数在2004~2011年阶段仍然为负且不再显著，这是与中国整体以及东部地区有所差异的地方。如果不考虑显著性指标，说明中西部地区到2011年为止，仍处于以制造业为主的前工业化阶段。若此时转向服务业，在就业层面上将使得破坏效应带来的影响超过创造效应。而中西部地区的PDTU指数和LDTU指数也都呈现与当地DTU指数类似的地域性特点，对结果的描述和政策的分析不再赘述。但需要指出的是，从中西部地区DTU、PDTU和LDTU三项指数在1978~2003年和2004~2011年的对比来看，随着时间的推移，DTU指数的负效应正在明显削弱，这符合基于产业结构演进理论的发展趋势。但亦发现，上述削弱态势主要来自LDTU指数的贡献。LDTU在本书中用来近似刻画人力资本呈规模型外部积累的生活性服务业，由此可以推测，不同于东部地区在两类服务行业中呈现的双头就业带动趋势，中西部地区服务业就业规模扩大，截至2011年主要局限于生活性服务业当中。而中西部地区STU指数与东部地区充分吻合，故不再展开分析。

综合来看，在产业结构转型升级对就业产生影响的过程中，中西部地区与东部地区之间表现出某种时差性。鉴于东部地区DTU变量关于就业影响的拟合系数在2003年前后已实现由负转正的跨越式转变，而中西部地区DTU变量关于就业影响的拟合系数在2011年末才逼近零基准线。由此，本章推定，东部与中西部地区间的时差应在10年左右。由此可知，随着中国经济进入新的发展阶段，当东部地区未来的经济发展和新增就业将主要依靠服务业带动时，对中西部地区而言，在接下来

77

十年左右的时间中,其就业量的增长还将继续倚重制造业。对上述地区而言,这种时差效应更应被视为大国经济产业发展的优势所在。而这种观点,正好契合林毅夫在其《新结构经济学:反思经济发展与政策的理论框架》一书中对中国经济未来20年发展潜力的分析。在接下来关于产业结构转型升级对收入分配影响的研究中,读者将会看到从收入分配领域得出的研究结论,这些结论将进一步证明——在此背景下,中国不同地区产业结构转型升级应当走向适合本地区的差异化转型升级之路。

第五节 本章小结

本章正文共包括四节内容,沿着"描述变动趋势—定义转型升级—构建计量模型—分析回归结果"的思路,内容依次展开。

第一节有如下发现:(1)从产业结构的地区变动趋势来看,在2003年之后,中西部地区进入本书定义的产业结构逆向演进阶段,即服务业增加值在GDP中的占比整体呈现下降趋势;(2)从就业结构的地区变动趋势来看,如果以2003年为界将1978~2011年划分为前后两个阶段的话,那么与中西部地区相比,东部地区制造业就业占比扩张速度经历了先强后弱的转换,服务业的情况则与制造业刚好相反;(3)从产业就业结构偏离度的地区变动趋势来看,2003年之前,不管是在东部地区还是在中西部地区,制造业的偏离度均大于服务业。但在2003年之后,东部地区服务业偏离度逐渐反超制造业,而中西部地区服务业的偏离度指数与制造业相比缺口却在逐年扩大。

第二节把产业结构转型升级方向给就业带来的影响分解为创造效应和破坏效应,而把产业结构转型升级速度给就业带来的影响分解为抑制效应和加速效应。在此基础上,本书有如下发现:(1)从各地区产业结构转型升级的方向来看,2003年之前,各地区均呈现显著的产业服务化趋势。但进入2004年之后,各地区则进入全然不同的转型路径当中。其中,东部地区在经历了短暂调整之后,再次回到产业服务化转型升级路径，而中西部地区未能延续之前转型升级态势，转而落入产业再制造化的转型升级路径。（2）从东部地区和中西部地区产业结构转型升级速度的横向比较来看，随着时间的推移，东部地区产业结构转型升级速度正趋于放缓，而中西部地区仍处于产业结构的剧烈动荡中。

第三节首先基于柯布-道格拉斯函数推导出了产业结构转型升级影响下的就业基本模型。在此基础上，书中又基于层级回归法对基本模型进行了扩展，并分步衍生出产业结构转型升级影响下的层级就业影响模型。在接下来的实证部分需要引入大量年鉴数据，其中的困难之处在于某些数据需要从1981~2013年地方年鉴中逐一查找。在此过程中，笔者发现在某些省份的地方年鉴中存在两个突出的问题，一是个别数据缺失，二是前后数据相异。此外，考虑到2002年中国对《国民经济行业分类》进行了修订，对生产性服务业和生活性服务业的口径认定容易产生偏差，为此，本书对引入就业影响模型的数据来源和相关处理进行了必要说明。

第四节是本章内容的核心所在。首先对产业结构转型升级影响下的层级就业影响模型的模型形式和效应类型进行了分析。借助F值计算和Hausman检验的结果证明大部分模型均支持变截距模型和固定效应。在此基础上，书中借助广义最小二乘法对上述模型进行了回归。结果显示，从中国整体来看，模型整体稳健性和相关变量显著性都非常理想。但从各个地区来看，可能由于观察值不足，相关变量显著性差强人意，但模型整体稳健性得到了延续。关于具体拟合系数，本书发现：（1）在中国整体层面，产业结构转型升级方向拟合系数在1978~2003年为负，在2004~2011年为正。这说明在上述前后两个阶段产业服务化转型升级带来的就业创造效应与就业破坏效应相比，经历了由弱到强的发展变化；（2）在地区层面，在中西部地区层级回归就业影响模型中，平均实际工资的系数在进入2004~2011年阶段之后由负转正，本研究将其归因于流动条件下，地区内平均实际工资水平上升，减缓了2000年以来逐渐强化的中西部劳动人口外流趋势；（3）还是在地区层面，不同于中国整体以及东部地区变化特点，进入 2004~2011 年之后，中西部地区代表产业结构转型升级方向的变量拟合系数仍然为负。在不考虑显著性条件的情况下，这说明中西部地区截至 2011 年仍处于以制造业为主的前工业化阶段。而通过相关指数的测算，本书认为中西部地区在产业结构转型升级进程中，与东部地区相比有 10 年左右的滞后时差。

第三章 产业结构转型升级对收入分配的静态影响

先行工业化国家曾经的产业结构转型升级进程[1]，得益于当时的有利条件[2]，在市场机制的自动支配下陆续进入符合比较优势的产业结构演进路径当中[3]。虽然该进程拉大了上述国家内部的收入分配差距，但同时也推动了平均工资持续增长。而在当前中国发展新阶段和全球经济新趋势背景下，中国城市所面对的环境条件与上述国家当初情况相比有着显著不同，贸然推进服务化转型升级进程有可能给相关地区收入分配带来潜在不利影响。这就要求对产业结构转型升级给中国各地区收入分配带来的影响有准确把握。

本章以CHIP（2007）数据为基础，综合利用多种研究方法对如下问题进行了地区间的比较研究：首先，服务业比较制造业使得收入分配缺口缩小还是拉大？其次，产业结构转型升级过程中各劳动力要素作用于未来城市收入分配的一般规律是什么？再次，服务业相对制造业的工资差异主要是由于行业回报差异造成的还是人力资本差异造成的？最后，各地区如果都选择相似的服务化转型升级战略将对收入分配带来怎

---

[1] 时间窗口为20世纪70年代。不容忽视的时代背景是，70年代初，特别是在1973年石油危机发生之后，先行工业化国家陆续放弃了之前坚守多年的凯恩斯主义，新自由主义开始大行其道。

[2] 这些有利条件，包括当时后工业化促成的禀赋优势重构、全球化引起的产业链国际分工，以及新兴产业推动的跨行业技术进步。

[3] 参考张平、刘霞辉、王宏淼（2011）。

样的差异化影响？考虑到中国东部与中西部地区产业结构上的巨大差异①，这里仍然延续了地区比较的视角。

第一节 数据描述和特征差异分析

本章分别使用了来自国家统计局《中国统计年鉴2013》和中国家庭入户调查CHIP（2007）数据。两组数据来源各有利弊，前者好处是可以对数据进行连续跟踪，但其缺点是无法依据所公布数据进行分位数回归研究；而后者的利弊正好与前者相反。因此在下文对"制造业收入增速放缓"问题的研究中，借助了《中国统计年鉴2013》数据，以显示制造业部门收入分配的变化趋势。在对"服务业收入两极分化"问题的研究中，借助了CHIP（2007）数据，以期揭示服务业部门收入分配的特征。此外对本章提出的后三项问题的回答，也建立在CHIP（2007）数据基础之上。

一 数据描述

（一）《中国统计年鉴2013》数据

根据《中国统计年鉴2013》的数据，测算得出2003~2012年中国城市整个制造业部门及其细分行业年平均工资增幅如表3-1所示。

表3-1 2003~2012年中国制造业及细分行业职工年平均工资增幅（上年=100%）

年份	制造业总体	采矿业	制造业	电力、热力、燃气及水生产和供应业	建筑业
2003	—	—	—	—	—
2004	9.60%	19.17%	8.88%	12.28%	7.49%
2005	10.74%	19.99%	10.05%	13.08%	10.43%

---

① 以《中国统计年鉴2013》数据进行测算，2012年上海、江苏、浙江、广东4省市合计第三产业增加值占地区生产总值的比重为46.9%；安徽、河南、湖北、四川、重庆5省市上述占比仅为34.2%。

续表

年份	制造业总体	采矿业	制造业	电力、热力、燃气及水生产和供应业	建筑业
2006	12.85%	16.24%	12.70%	13.16%	12.86%
2007	10.75%	11.79%	11.02%	12.68%	9.41%
2008	12.03%	15.01%	9.29%	8.97%	8.74%
2009	9.49%	12.13%	10.86%	9.70%	14.88%
2010	10.86%	12.58%	11.73%	9.48%	10.40%
2011	11.90%	12.24%	12.63%	5.84%	10.75%
2012	8.94%	6.16%	10.61%	7.49%	10.65%

注：各年度职工工资原始数据已按照国家统计局提供的各年度城市居民消费价格指数进行平减，故增幅表示实际工资增幅。

根据制造业总体数据，难以直接找到中国城市制造业收入增速放缓现象的存在。但是，通过将制造业总体按4部门①分解发现，在采矿业，电力、热力、燃气及水生产和供应业中，已存在较为明显的制造业收入增速放缓现象。此外2008年政府推出的经济刺激措施，扭转了此前三年中建筑业工资增幅的显著下滑，而这一刺激手段的负面效应已开始显现。Glickman和Glasmeier（1989）所揭示的20世纪80年代美国制造部门工资增长放缓趋势，似乎正在中国城市制造业部门中显现。图3-1清晰地显示了考察期中制造业部门中采矿业，电力、热力、燃气及水生产和供应业职工工资增幅的显著下滑趋势。

（二）CHIP（2007）**数据**

CHIP（2007）调查共包含三个子样本：城镇住户样本、农村住户样本、农村-城镇住户（城乡流动人口）样本，其中城镇和农村人口调查委托国家统计局执行，而城乡流动人口调查则由项目组实施。全部的CHIP（2007）数据可以分成两大部分，第一部分来源于国家统计局跟踪调查，涉及10000个城镇家庭和13000个农村家庭的收入等信息；第

---

① 这里按照国家统计局的划分口径，将制造业总体划分为采矿业，制造业（狭义），电力、热力、燃气及水生产和供应业，建筑业。

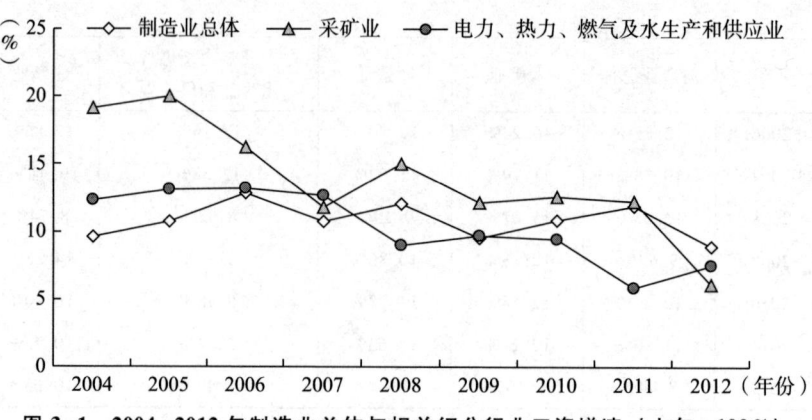

图 3-1　2004~2012 年制造业总体与相关细分行业工资增速（上年 = 100%）

二部分则来源于项目组问卷调查，涉及另外的 5000 个城镇家庭、8000 个农村家庭以及 5000 个流动人口家庭的收入和就业等信息。目前可以公开的数据只限于第二部分，该部分数据所调查地区包括上海，广东的广州、深圳和东莞，江苏的南京和无锡，浙江的杭州和宁波，湖北的武汉，安徽的合肥和蚌埠，河南的郑州和洛阳，重庆，以及四川的成都共 9 省（直辖市）15 个城市。关于 CHIP（2007）数据更为详细的描述可以参考李实等（2013）。

从 1988 年[①]开始城市中流动人口急剧增加[②]，到 2012 年时全国流动人口-城镇人口比已经接近 2.4∶7.0。考虑到 CHIP（2007）调查城市是中国流动人口的主要目的地，在这些城市中的流动人口占比肯定要远远高于该数据。为此，本章在前述第二部分数据范围内，将城镇住户样本和农村-城镇住户样本进行了合并，以全面反映产业结构转型升级下，城市内部收入分配的变动特点。表 3-2 对城市劳动力的数据特征进行了报告，两部分样本共包含有效样本量 13563 个，其中东部城市包括上海、广东、江苏、浙江 4 省市的 8 个城市，共计 7044 个有效样本，中西部城市包括湖北、安徽、河南、重庆、四川 5 省的 7 个城市，共计

[①] 从 1988 年开始，中国各级政府逐渐放松了对农村人口进城务工、经商的各种限制，1988 年成为中国劳动力要素市场化改革的重要转折年。

[②] 《中国流动人口发展报告 2013》显示，2012 年中国流动人口已达 2.36 亿人。

6519 个有效样本。

表 3-2 分产业分地区城市劳动力数据特征比较

统计员	产业	东部城市	中西部城市	样本城市
样本量（个）	制造业	2242	1610	3852
	服务业	4802	4909	9711
	非农总体	7044	6519	13563
小时工资均值（元/小时）	制造业	13.35	9.25	11.65
	服务业	13.80	8.97	11.37
	非农总体	13.66	9.04	11.45
平均受教育时间（年）	制造业	10.23	10.52	10.35
	服务业	10.62	10.58	10.60
	非农总体	10.50	10.57	10.53
平均工作经验（年）	制造业	8.99	11.32	9.98
	服务业	7.81	8.40	8.11
	非农总体	8.18	9.12	8.64

二 数据特征差异分析

（一）小时工资差异

小时工资方面，表 3-2 数据显示，样本城市与中西部城市中制造业平均工资高于服务业，而在东部城市前者低于后者，中国工资水平与劳动生产率之间存在正的相关关系（张军等，2012）。这说明在产业结构升级过程中，东部城市已进入与当初发达国家城市产业结构升级相似的通道当中，即服务业劳动生产率普遍高于制造业（第二章通过 DDIE 指数的描述也证实了这种看法）。但与此同时，中西部城市则陷于当今发展中国家普遍的"产业结构演进无效率"通道当中。

通过对 DDIE 指数地区变动趋势的描述可以发现，不同于全国范围内的一般趋势，2003 年之后，东部地区服务业部门 DDIE 指数开始反超制造业部门，这表明东部地区服务业平均劳动生产率开始超越制造业平均劳动生产率。但与此同时，不同于服务业与制造业 DDIE 指数缺口不断缩小的全国趋势，中西部地区两者缺口不断扩大，这说明 2003 年以后，在全国范围内服务业部门平均劳动生产率趋近于制造业部门的大背景下，中西部地区服务业部门平均劳动生产率与制造业部门的差距在逐年扩大。前文基于 DDIE 指数的研究结论，与这里基于 CHIP（2007）数据有关小时工资的统计结果以及张军、刘晓峰（2012）的研究基本一致。

对发达国家和发展中国家产业结构升级过程中部门劳动生产率的详细考察，还可参考中国经济增长前沿课题组（2012）的研究成果。而在平均受教育时间和平均工作经验方面，如果从地区内部来看，不管是东部城市还是中西部城市，均表现出与样本城市相似的结构特点，即服务业平均受教育时间高于制造业，但后者平均工作经验却高于服务业。而如果从产业内部来看，会找到更为重要的发现。

（二）工作经验差异

不管是在制造业还是服务业当中，东部城市劳动人口平均工作经验显著少于中西部城市（见表 3-2）。根据劳动力供给变化趋势与实现更加充分就业问题研究课题组（2012）的研究成果，各年龄段劳动参与率的地区差异是解释因素之一，但却不能解释全部差异。这说明在劳动力队伍中，东部城市可能拥有比中西部城市更为年轻化的人口年龄结构。上述特征在制造业的地区比较中格外明显。进一步的计算显示，涵盖第二、第三产业的东部城市劳动力平均年龄为 35.41 岁，其中制造业为 35.70 岁，服务业为 35.28 岁；中西部城市则平均为 36.30 岁，其中制造业为 37.86 岁，服务业为 35.79 岁。东部城市制造业和服务业中的劳动力平均年龄，分别小于中西部城市 2.16 岁和 0.51 岁。

关于数据的可靠性，以全国人口老龄化趋势的地区比较为参考。王志宝等（2013）基于历次人口普查和近年 1% 人口抽样调查数据发现，从总体人口来看，在 2010 年东部地区老龄人口占比最高。但是 2000 年以前，东部地区的人口老龄化增速略高于中西部地区，到 2000 年之后，中西部地区人口老龄化增速则显著高于东部地区。1995 年，东部地区、中部地区、西部地区的老龄人口占比分别为7.46%、6.23%和6.11%；到2005年分别变为9.44%、8.42%和8.22%。到了2010年时，相应数据则分别为9.09%、8.72%和9.05%，值得注意的结构性变化开始出现（王志宝等，2013）。遗憾的是，该研究没有在统计基础上，对东部地区与西部地区之间显著的错位变化给予解释。

21世纪初，中国就已进入长期的少子老龄化趋势中（左学金，2012），东部地区2005~2010年出现的老龄人口占比下降现象，原因只能是庞大劳动人口的跨地区流动（邹湘江，2011）。段成荣等（2008）则对相关年度新增流动人口的平均年龄进行了测算，发现1987年、2000年和2005年相应数据分别为25岁、26岁和26.7岁，远远低于35.7岁[①]的城市人口平均年龄。总结上述研究，可以判断自2005年以来东部城市出现的老龄人口占比下降和中西部城市老龄人口占比上升现象，应当归因于年轻劳动人口在中国各地区的二次分布。这里基于CHIP（2007）数据的测算，恰好印证了上述观点，并在平均工作经验的地区差异上有所体现。需要指出的是，劳动力年龄结构老化，将使得中西部城市较东部城市面临更大的产业结构转型升级压力。对劳动力年龄结构与产业结构转型问题的研究，可参看杨道兵和陆杰华（2006）、朱洵和周彦汐（2013）。

（三）受教育时间差异

从制造业来看，东部城市劳动力平均受教育时间少于中西部城市，但从服务业来看，前者平均受教育时间则高于后者，非农产业总体劳动力平均受教育时间的地区结构则呈现出制造业的特点（见表3-2）。基于CHIP（2007）数据计算发现，对于非农产业劳动力的平均受教育时间，东部城市城镇人口为11.94年，流动人口为9.09年；中西部城市城镇人口为12.08年，流动人口为8.79年。

关于数据的可靠性，需要做出两点说明：一是2008年政府工作报

[①] 数据基于第六次全国人口普查数据计算得到，http://www.stats.gov.cn/tjsj/pcsj/6rp/indexch.htm。

告公布的当年全国人口平均受教育时间为 8.71 年，由于本章数据只限于城市人口（涵盖户籍人口和流动人口），会使得结果偏高。方向一致的两个因素使得基于 CHIP（2007）的计算结果显著高于上述全国平均数据[①]。二是黄维海和袁连生（2014）研究发现，中国各省份人口平均受教育时间自 1990 年后自西向东整体呈现倒 U 形，在中西部省份与东部省份之间存在一个人力资本高地。由于此处 CHIP（2007）样本所涵盖的中西部省份主要分布在中部地区，恰好处在上述定义的高地区域，因此计算得到的东部城市与中西部城市劳动力平均受教育时间差异不大，其中对城镇人口而言，中西部城市还略微偏高。

可以发现，东部城市和中西部城市间劳动人口平均受教育时间差异并不能解释制造业和服务业在地区间呈现的结构错位，上述结果应来源于一种非均衡的结构化因素。进一步的计算发现，该因素来自地区间进入不同产业的流动人口占比。其中，东部城市制造业流动人口占比为 58.56%，服务业为 47.04%；中西部城市制造业流动人口占比为 42.48%，服务业为 47.06%。东部城市与中西部城市相比，制造业中的流动人口高出 16.08 个百分点，服务业则落后 0.02 个百分点。考虑到流动人口对城市产业结构转型升级具有抑制效应（周昌林和魏建良，2007；杨亮和杨胜利，2014），这在流动人口占比意义上，又将使得东部城市面临较大的产业结构转型升级压力，这对东部城市制造业而言将尤其显著。

第二节 产业间收入差距与服务业收入分化

通过分别对东部城市和中西部城市、制造业与服务业劳动人口工资收入分位数的比较，能够形成服务业与制造业相比收入分配差距拉大的直观印象。此外，在低收入端，还发现了中国城市产业结构转型升级过

[①] 郭震（2013）利用 2012 年城镇居民和流动人口调查数据得到的结果显示，当年全国城镇居民平均受教育年限达到 14.01 年，流动人口平均受教育年限达到 12.42 年，该结果又显著高于本书对 2007 年平均受教育年限的测算。

程中明显的"服务业贫困化"现象。这些过程不论是在东部城市还是在中西部城市都在发生。随后对产业内部基尼系数的计算，则更为精确地证明了服务业相对制造业呈现更加明显的工资分化现象，这在东部城市尤其显著。

一 产业间收入分位数的比较

不同地区城市内部产业间工资收入的分位数比较可见图3-2。从地区横向比较来看，在任意分位点上，东部城市劳动人口平均工资均显著高于中西部城市；而从产业间的纵向比较来看，不管是在东部城市还是在中西部城市，服务业与制造业相比都有更明显的分化现象。不过与20世纪七八十年代发达国家城市产业结构转型升级时曾经出现的服务业两极分化现象有所不同的是，在中国城市的产业结构转型升级进程中，只是在低收入端出现了明显的贫困化现象。发达国家城市服务业高收入群体的出现，得益于经济全球化浪潮，一些城市向世界城市或全球城市迈进。Friedmann（1986）的"世界城市"假说，将经历产业结构转型升级后的世界城市定义为跨国公司总部的集聚中心，由此导致的就业机会服务化和高级化最终推动了城市服务业高收入群体的出现。Sassen（1991）的"全球城市"假说将全球城市视为提供跨国专业服务的场所，资本流动带来的投资国际化和金融证券化引起了对贸易、金融、会计、法律等高级专业人才的需求，全球城市在成为上述专业服务场所同时也迅速扩大了城市服务业中高收入群体规模。周振华（2006）则在上述研究基础上，重构了"经济全球化——全球城市网络——全球城市"的逻辑发展关系，从而将全球城市研究的对象从中心城市扩展到一般节点城市，这对研究崛起中的全球化城市产业结构转型升级进程对收入分配的影响具有重要参考意义。

那么在经济全球化更为深入的今天，又是什么因素抑制了中国城市产业结构转型升级进程中服务业高收入群体的涌现？要回答这一问题，仍然要回到全球化背景下的产业转移过程当中，这就不得不提到关于外商直接投资（FDI）对中国产业结构转型升级作用的激烈争论。王红领等（2006）认为，FDI能够有效提升中国企业自主创新能力，从而最终推动中国产业结构升级。蒋殿春和张宇（2008）则认为，FDI对中国企业全要素生产率的影响并不显著甚至是负面的，从而无助于真正推动经济转型升级。遗憾的是，对上述学者的研究结论目前存在较大争议，而在划分阶段或者结构基础上得到的相关研究成果，则对理解中国城市产业结构转型升级问题和收入分配问题更有帮助。例如，顾永红和胡汉辉（2007）基于发展中国家劳动力比较优势的变化，分三阶段对FDI技术溢出效应进行了研究。刘伟全和张宏（2008）基于全球价值链的视角，分购买者驱动类型和生产者驱动类型对FDI行业间技术溢出效应进行了研究。余姗和樊秀峰（2014）则基于行业特征的差异，分劳动密集型、资本密集型和技术密集型行业对FDI的价值链升级作用进行了研究。综合这些研究发现，当发展中国家劳动力比较优势减弱甚至消失时，或者当一国嵌入全球价值链中的主要行业由纺织、服装、家具等购买者驱动型行业向装备制造、交通运输、电子通信等生产者驱动型行业转移时，又或者中国的产品制造主要从劳动密集的最终商品向资本技术密集的中间产品过渡时，FDI对中国企业的技术溢出将不再明显，甚至可能使得产业结构长期锁定在价值链末端。

需要警惕的是，中国正处在这样的变局之下（蔡昉，2011；唐东波，2012；郭晗和任保平，2014），而更加值得注意的是，FDI对中国产业结构升级的阶段性抑制，还表现在跨国公司自我服务的产业链模式上，产业链的封闭使得中国高端生产服务业发展严重不足（陈爱贞和刘志彪，2008），服务业FDI对制造业FDI呈现强烈的追逐效应（唐保庆，2009）。上述抑制作用在城市层面上，表现为中国城市在融入全球城市网络过程中，始终难以成为Sassen所定义的为全球资本流动提供专业服务的空间，亦难以成为Friedmann所提出的发挥"引领效应"的信息、娱乐和文化创意的生产及传播中心，从而难以带来服务业高收入群体的大规模出现。当然，制约中国城市在全球城市网络中影响力进一步扩大的因素，还包括中国制度环境、产业环境等诸多因素，像金融抑制造成的融资约束就严重制约着技术创新和产业结构升级（丁一兵等，2014），这增加了中国城市向全球城市或节点城市迈进的阻力，进而抑制服务业高收入群体的扩张。

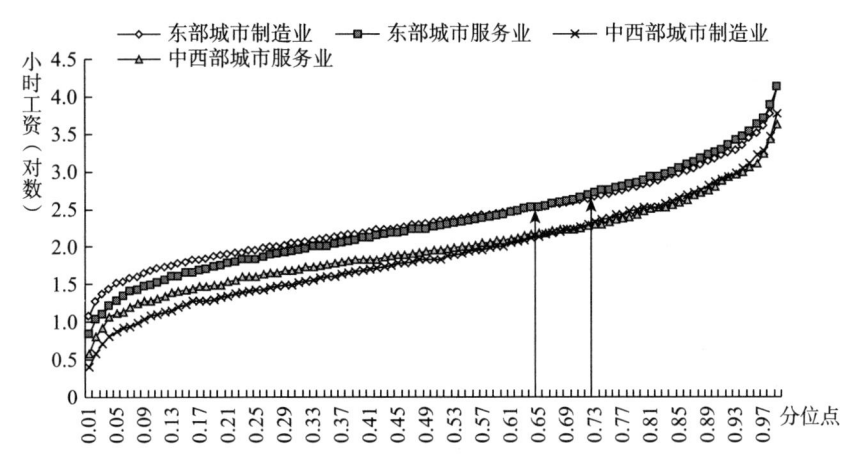

图 3-2　东部城市与中西部城市产业间平均小时工资分位数比较

注：基于后文对模型回归的需要，并为了更为清晰地显示产业间工资收入差异，图中小时工资采用了对数形式。

二　产业之间基尼系数的测算

对收入分位数的显示，还只能留下关于东部城市和中西部城市产业间收入分配的直观印象。接下来本章将借助基尼系数的测算，对各区域内部的收入分配差距进行精确描述。由于计算基尼系数过程中，选择不同的方法会对结果造成影响，在进行具体的计算之前，需要介绍采用的计算方法。

（一）基尼系数的推导

基尼系数是在意大利经济学家基尼（C. Gini）于 1912 年提出的"不平等指数"基础上发展而来的，已普遍用于评价社会收入分配差异。目前对基尼系数的争议主要集中在计算方法合意性的比较上。常见的计算方法有直接计算法、拟合曲线法、离散分组法、分解加权法等，对计算方法的说明可参考陈宗胜（1994）、李实（2002）、曾宪初和张洁燕（2006）、金成武（2007）等。本章在微观数据基础上，设计了用于衡量工资收入分配差异的基尼系数公式：

$$G = 1 - \frac{1}{n} \cdot \sum_{i=1}^{n}(w_i + w_{i-1}) \qquad (3-1)$$

假定计算对象的样本量为 n，首先将劳动人口按照工资收入由低到高排列得到 n 个个体数据。随后计算累积到第 i 个个体的总收入占全体劳动人口总收入的比重并记为 w_i，累积到第 $i-1$ 个个体的总收入占全体劳动人口总收入的比重可记为 w_{i-1}，此时应有 $w_0 = 0$。接着计算累积到第 i 个个体的人口数占全体劳动人口总数的比重并记为 p_i，累积到第 $i-1$ 个个体的人口数占全体劳动人口总数的比重可记为 p_{i-1}，此时应有 $p_0 = 0$。

在洛伦兹曲线方框图中，由基尼系数定义可知，基尼系数 G 可表示为由洛伦兹曲线和绝对公平线围成的面积 S_A 与由绝对公平线和右下边框围成的面积 S_{A+B} 之比，即 $G = \dfrac{S_A}{S_{A+B}}$。其中，S_A 可进一步表示为由绝对公平线和右下边框围成的面积 S_{A+B} 与由洛伦兹曲线和右下边框围成的面积 S_B 之差，即 $S_A = S_{A+B} - S_B$。其中，S_B 可近似表示为 n 个梯形面积之和，各个梯形的上底、下底和高又可分别用 w_i、w_{i-1} 和 $(p_i - p_{i-1})$ 表示，当 n 取足够大时，上述梯形面积之和将趋近于 S_B。在等距划分上述梯形条件下，对于任意的 i，$p_i - p_{i-1}$ 结果相同且等于 $\dfrac{1}{n}$。至此，基尼系数 G 便可表示为：

$$G = \frac{S_A}{S_{A+B}} = \frac{S_{A+B} - S_B}{S_{A+B}} = \frac{\dfrac{1}{2} - \sum_{i=1}^{n} \dfrac{1}{2} \cdot (w_i + w_{i-1}) \cdot (p_i - p_{i-1})}{\dfrac{1}{2}} = 1 - \frac{1}{n} \cdot \sum_{i=1}^{n}(w_i + w_{i-1})$$

，即式（3-1）。

(二) 产业间基尼系数测算

按照上述计算过程，本章得到的东部城市与中西部城市产业间劳动人口工资收入基尼系数如表3-3所示。从产业间比较来看，服务业基尼系数显著大于制造业，这种差异不管是在东部城市还是中西部城市都非常明显。基尼系数产业间的横向比较，进一步证明了服务业工资分化现象的存在。

而从不同地区城市纵向比较来看，产业内基尼系数则呈现交叉错位现象：制造业基尼系数东部城市为0.361，中西部城市为0.362，前者小于后者但整体差异不大；服务业基尼系数东部城市为0.421，中西部城市为0.410，前者大于后者且较为显著。关于该现象背后原因的解释，一种研究认为，制造业FDI对行业收入差距起到了缩小作用（陈超和姚利民，2007），而东部城市正是制造业FDI的主要流入地（陈怡等，2009）。服务业FDI则扩大了行业收入差距（钟晓君和刘德学，2013），且在服务业FDI的区位选择中，东部城市由于各种有利因素再次成为主要流入地（张诚和赵奇伟，2008）。此外，计算显示，CHIP（2007）东部样本城市所在的上海、江苏、浙江、广东四省（市）2007年服务业增加值占GDP的比重为42.3%，而中西部样本城市所在的安徽、河南、湖北、四川、重庆五省（市），服务业增加值占GDP的比重为36.4%[①]。由于东部城市服务业增加值占比较大，较高的基尼系数进一步佐证了服务业中收入分配结构与制造业相比容易引致工资两极分化现象的出现。

从各地区城市内部非农业劳动人口总体的收入分配情况来看，东部城市内部基尼系数为0.403，中西部城市内部为0.399，全体样本城市整体为0.415，这与目前东部地区城镇基尼系数高于中西部地区的普遍研究结论一致（王云飞，2007；陈昌兵，2007；段景辉和陈建宝，2010）。关于非农总体基尼系数，有两点需要做出说明：一是数据的可

[①] 相关数据基于国家统计局《中国统计年鉴2008》计算而来。

靠性，以全体样本城市非农业劳动人口工资基尼系数为例，夏庆杰等（2012a）曾在 CHIP（2007）数据的基础上，测算过 2007 年城镇职工工资收入基尼系数为 0.439。比较该数据，由于本章所研究的城市劳动者群体不含农业部门人口，应该使得结果偏低，但同时由于本章研究群体含有流动人口应该使得结果偏高。方向各异的两个因素最后的综合效果使得本章得到的结果小于使用前述数据时的 0.024；二是数据的差异性，在非农总体中，全体样本城市基尼系数比东部城市和中西部城市基尼系数分别大 0.012 和 0.016，前者不能由后两者在（0，1）的权重下完全线性组合，差异来源于李实（2002）转述的伦敦经济学院教授考威尔（F. Cowell）发现的"相互作用项"。

表 3-3 分地区分产业城市劳动人口工资收入基尼系数比较

	制造业	服务业	非农总体
东部城市	0.361	0.421	0.403
中西部城市	0.362	0.410	0.399
样本城市	0.374	0.430	0.415

第三节 劳动力构成要素作用于收入分配的影响机制

该部分首先对工资收入分位数回归模型进行了构建和实证，结果表明，不管对东部城市还是对中西部城市而言，制造业和服务业工资方程中的绝大部分回归系数均能通过显著性检验。本研究再次借助基尼系数，对劳动力各构成要素在产业结构转型升级过程中作用于城市收入分配的影响机制进行了模拟。

一 QRM 介绍与计量模型构建

（一）分位数回归方法介绍

本章对工资收入的实证研究建立在明赛尔（Mincer，1973）工资收入-人力资本经典方程基础之上。基于明赛尔（Mincer，2001）人力资本理论，教育和工作经验成为本研究刻画人力资本水平的核心指标。此外，后文进行的反事实分解之所以能够将变量差异作为描述人力资本比较优势的指标，也正是因为方程的构建基于上述理论。Mincer 方程表示如下：

$$\ln(wage)_i = \beta_{i0} + \beta_{i1} \cdot edu_i + \beta_{i2} \cdot exp_i + \beta_{i3} \cdot squ_i + X'_i \cdot \alpha_i \quad (3-2)$$

其中，edu 表示受教育水平，exp 表示潜在工作经验，squ 则表示潜在工作经验的平方，X' 表示一系列控制变量所组成的矩阵，i 表示样本中的观察个体。利用 OLS（最小二乘法）对上述方程进行样本均值回归，将受限于如下问题：CHIP（2007）为大型截面数据，有明显的右厚尾特点，并伴有异常值。因此，直接使用 OLS 方法对 Mincer 方程进行回归，将很难得到 BLUE 估计量，而分位数回归方法（Quantile Regression Method，QRM）可以有效避免被解释变量存在右厚尾和异常值问题造成的困扰。这是 QRM 近年来在收入分配研究领域受到青睐的原因之一。QRM 思想最早由 Koenker 和 Bassett 于 1978 年提出，在 1982 年两人又对该方法进行了完善。以 Mincer 方程为例，其核心思想是首先构造工资的分位数回归方程，可表示为：

$$Q_q[\ln(wage)_i \mid X_i] = X'_i \cdot \beta_i(q) \quad (3-3)$$

其中，$Q[\ ]$ 表示第 i 个样本对数工资在第 q 分位点上对应的值 [$q \in (0,1)$]，X_i 为解释变量向量（在本章的研究中，包括受教育年限、潜在工作经验、潜在工作经验的平方、性别、地区分布、健康状况、职业类型和单位所有制），$\beta_i(q)$ 代表所对应的系数向量。在此基础上，通过最小化残差绝对值的加权平均值来求解样本系数向量值，因此避免了样本右厚尾和异常值所带来的影响。最小化残差绝对值的加权平均值函数可表示为：

$$\sum_{i=1}^{n} \Gamma_q[\ln(wage)_i - X'_i \cdot \beta_i(q)], \Gamma_q(\varepsilon) = \begin{cases} q\varepsilon, \varepsilon \geq 0 \\ (q-1)\varepsilon, \varepsilon < 0 \end{cases} \quad (3-4)$$

其中，$\Gamma_q(\varepsilon)$ 是试性函数，而 ε 可理解为回归残差（Koenker，2005）。

QRM 与 OLS 方法相比，得到的不是某一均值回归，而是回归系数在所有枚举分位点上的分布回归。因此该方法能够用于对比观察不同分位点处解释变量对被解释变量造成的影响，为发现不同分位点下回归模型系数潜在的异质性提供了手段。这是 QRM 在收入分配领域得到青睐的原因之二。

（二）计量模型构建

按照 Koenker 和 Bassett 的思想，本章所建立的工资收入分位数回归模型，可进一步表示为：

$$Q_q[\ln(wage)_i \mid X_i] = \beta_0(q) + \beta_1(q) \cdot edu_i + \beta_2(q) \cdot exp_i + \beta_3(q) \cdot squ_i + \sum \beta_j(q) \cdot Z_i + \varepsilon_i(q) \tag{3-5}$$

上式中，Z_i 代表研究工资收入时需要加以控制的一系列控制变量，$\sum \beta_j(q) \cdot Z_i$ 可进一步展开为：

$$\sum \beta_j(q) \cdot Z_i = \beta_4(q) \cdot sex_i + \beta_5(q) \cdot well_i + \beta_6(q) \cdot high_i + \beta_7(q) \cdot public_i + \beta_8(q) \cdot register_i \tag{3-6}$$

根据研究目的，需要分别对东部城市制造业、东部城市服务业、中西部城市制造业和中西部城市服务业工资收入分位数回归模型进行实证检验。其中，东部城市制造业工资收入分位数回归模型为：

$$Q_q[\ln(wage)_i \mid X_i]^{EM} = \beta_0(q)^{EM} + \beta_1(q)^{EM} \cdot edu_i^{EM} + \beta_2(q)^{EM} \cdot exp_i^{EM} + \beta_3(q)^{EM} \cdot squ_i^{EM} + \sum \beta_j(q)^{EM} \cdot Z_i^{EM} + \varepsilon_i(q)^{EM} \tag{3-7}$$

东部城市服务业工资收入分位数回归模型为：

$$Q_q[\ln(wage)_i \mid X_i]^{ES} = \beta_0(q)^{ES} + \beta_1(q)^{ES} \cdot edu_i^{ES} + \beta_2(q)^{ES} \cdot exp_i^{ES} + \beta_3(q)^{ES} \cdot squ_i^{ES} + \sum \beta_j(q)^{ES} \cdot Z_i^{ES} + \varepsilon_i(q)^{ES} \tag{3-8}$$

中西部城市制造业工资收入分位数回归模型为：

$$Q_q[\ln(wage)_i \mid X_i]^{WM} = \beta_0(q)^{WM} + \beta_1(q)^{WM} \cdot edu_i^{WM} + \beta_2(q)^{WM} \cdot exp_i^{WM} +$$

$$\beta_3(q)^{WM} \cdot squ_i^{WM} + \sum \beta_j(q)^{WM} \cdot Z_i^{WM} + \varepsilon_i(q)^{WM} \qquad (3-9)$$

中西部城市服务业工资收入分位数回归模型为：

$$Q_q[\ln(wage)_i \mid X_i]^{WS} = \beta_0(q)^{WS} + \beta_1(q)^{WS} \cdot edu_i^{WS} + \beta_2(q)^{WS} \cdot exp_i^{WS} +$$
$$\beta_3(q)^{WS} \cdot squ_i^{WS} + \sum \beta_j(q)^{WS} \cdot Z_i^{WS} + \varepsilon_i(q)^{WS} \qquad (3-10)$$

上述分位数回归方程中，各个符号所代表的变量名称及其变量说明可见表3-4。

表3-4　分位数回归模型中的变量名称与变量说明

公式符号	变量名称	变量说明
edu	受教育程度	接受正规教育年限（数据中以年为单位）
exp	潜在工作经验	从事目前职业时间（CHIP统计了从事目前职业的初始时间，这里以调查年份2007年为截断时间进行了换算，数据以年为单位）
squ	潜在工作经验的平方	从事目前职业时间的平方项，其系数反映了工作经验回报增加的快慢趋势
sex	性别	虚拟变量，以男性为参照（男性=0）
$well$	健康状况（身体良好）	虚拟变量，以身体不适为参照系（身体不适=0）。对应CHIP（2007）样本，调查问卷将健康状况分为5类，分别为非常好、好、一般、不好、非常不好，本书将前三类归为身体良好，将后两类归为身体不适
$high$	职业状况（高级职业）	虚拟变量，以普通职业为参照系（普通职业=0）。对应CHIP（2007）样本，调查问卷将从事职业分为8类[1]，本书将第1、2两类归为高级职业，剩余6类归为普通职业
$public$	所有制属性（公有制）	虚拟变量，以非公有制为参照系（非公有制=0）。对应CHIP（2007）样本，调查问卷将所有制属性分为16类[2]，本书将第1、2、4、5、6、7、12、13共8类归为公有制，剩余8类归为非公有制

---

[1] 这8类职业为：1. 国家机关党群组织和企事业单位负责人；2. 专业技术人员；3. 办事人员和有关人员；4. 商业和服务业人员；5. 农、林、牧、渔、水利生产人员；6. 生产、运输设备操作人员及有关人员；7. 军人；8. 不变分类的其他从业人员。

[2] 这16类所有制属性分别为：1. 党政机关（包括党委、政府、人大、政协、公检法、武装部、部队）；2. 国家、集体的事业单位；3. 民办企事业单位；4. 国有独资企业；5. 国有控股企业；6. 集体独资企业；7. 集体控股企业；8. 私营独资企业；9. 私营控股企业；10. 外资独资企业；11. 外资控股的合资企业；12. 国有控股的合资企业；13. 集体控股的合资企业；14. 私营控股的合资企业；15. 个体；16. 其他企业。

续表

公式符号	变量名称	变量说明
register	户籍状况（城镇人口）	虚拟变量，以流动人口为参照系（流动人口=0）。对应CHIP（2007）样本，城镇人口数据来源于其中的城镇住户子样本，流动人口数据来源于其中的农村-城镇流动人口子样本

二 计量模型实证检验

（一）东部城市制造业和服务业工资收入分位数回归实证检验

将 CHIP（2007）东部城市数据，基于 QRM 分别对式（3-7）和式（3-8）进行回归，得到的东部城市制造业和服务业工资收入分位数回归检验结果，如表3-5和表3-6所示（这里仅对奇数分位点下的结果进行了报告）。

表3-5 东部城市制造业工资收入各分位数回归检验结果

		tau=0.1	tau=0.3	tau=0.5	tau=0.7	tau=0.9
edu	系数估计值	0.049***	0.058***	0.060***	0.058***	0.042***
	t检验的P值	0.0000	0.0000	0.0000	0.0000	0.0000
exp	系数估计值	0.026***	0.031***	0.036***	0.034***	0.031***
	t检验的P值	0.0000	0.0000	0.0000	0.0000	0.0000
squ	系数估计值	-0.001***	-0.001***	-0.001***	-0.001***	-0.001***
	t检验的P值	0.0000	0.0001	0.0000	0.0000	0.0000
sex	系数估计值	-0.113***	-0.154***	-0.134***	-0.090***	-0.161***
	t检验的P值	0.0011	0.0000	0.0000	0.0013	0.0000
well	系数估计值	0.547***	0.356**	0.294**	0.125	0.134
	t检验的P值	0.0000	0.0141	0.0106	0.5363	0.2573
high	系数估计值	0.155***	0.278***	0.233***	0.200***	0.275***
	t检验的P值	0.0048	0.0000	0.0000	0.0003	0.0002
public	系数估计值	0.193***	0.110***	0.112***	0.147***	0.199***
	t检验的P值	0.0000	0.0008	0.0004	0.0000	0.0000

续表

		tau=0.1	tau=0.3	tau=0.5	tau=0.7	tau=0.9
register	系数估计值	-0.018	0.033	0.074*	0.208***	0.458***
	t检验的P值	0.7306	0.3961	0.0522	0.0001	0.0000
Intercept	系数估计值	0.575***	1.008***	1.245***	1.633***	2.061***
	t检验的P值	0.0000	0.0000	0.0000	0.0000	0.0000
拟合优度		0.111	0.128	0.162	0.205	0.260
调整的拟合优度		0.108	0.125	0.159	0.202	0.257

注：***表示在1%的置信水平下显著；**表示在5%的置信水平下显著；*表示在10%的置信水平下显著。

表 3-6　东部城市服务业工资收入各分位数回归检验结果

		tau=0.1	tau=0.3	tau=0.5	tau=0.7	tau=0.9
edu	系数估计值	0.060***	0.065***	0.065***	0.058***	0.051***
	t检验的P值	0.0000	0.0000	0.0000	0.0000	0.0000
exp	系数估计值	0.008	0.023***	0.028***	0.028***	0.031***
	t检验的P值	0.1087	0.0000	0.0000	0.0000	0.0000
squ	系数估计值	0.0000	-0.0004***	-0.0005***	-0.0005***	-0.0005***
	t检验的P值	0.8230	0.0007	0.0000	0.0001	0.0002
sex	系数估计值	-0.077***	-0.137***	-0.196***	-0.190***	-0.182***
	t检验的P值	0.0054	0.0000	0.0000	0.0000	0.0000
well	系数估计值	0.262	0.213**	0.262***	0.356***	0.485***
	t检验的P值	0.1274	0.0106	0.0001	0.0000	0.0000
high	系数估计值	0.300***	0.354***	0.317***	0.278***	0.299***
	t检验的P值	0.0000	0.0000	0.0000	0.0000	0.0000
public	系数估计值	0.168***	0.094***	0.071***	0.043	-0.038
	t检验的P值	0.0000	0.0001	0.0023	0.1109	0.2504
register	系数估计值	0.128***	0.083***	0.145***	0.238***	0.370***
	t检验的P值	0.0002	0.0008	0.0000	0.0000	0.0000
Intercept	系数估计值	0.544***	0.947***	1.154***	1.375***	1.661***
	t检验的P值	0.0031	0.0000	0.0000	0.0000	0.0000

续表

	tau = 0.1	tau = 0.3	tau = 0.5	tau = 0.7	tau = 0.9
拟合优度	0.137	0.173	0.202	0.228	0.234
调整的拟合优度	0.136	0.171	0.200	0.227	0.233

注：＊＊＊表示在1%的置信水平下显著；＊＊表示在5%的置信水平下显著；＊表示在10%的置信水平下显著。

（二）中西部城市制造业和服务业工资收入分位数回归实证检验

将CHIP（2007）中西部城市数据，基于QRM分别对式（3-9）和式（3-10）进行回归，得到的中西部城市制造业和服务业工资收入分位数回归检验结果，如表3-7和表3-8所示（这里仅对奇数分位点下的结果进行了报告）。

表3-7 中西部城市制造业工资收入各分位数回归检验结果

		tau = 0.1	tau = 0.3	tau = 0.5	tau = 0.7	tau = 0.9
edu	系数估计值	0.043＊＊＊	0.035＊＊＊	0.040＊＊＊	0.032＊＊＊	0.029＊＊＊
	t检验P值	0.0000	0.0000	0.0000	0.0000	0.0029
exp	系数估计值	0.014＊	0.014＊＊＊	0.012＊＊	0.018＊＊＊	0.022＊＊＊
	t检验P值	0.0553	0.0092	0.0262	0.0085	0.0001
squ	系数估计值	0.000	-0.0002	-0.0002	-0.0003＊	-0.0003＊＊＊
	t检验P值	0.2207	0.2209	0.3139	0.0830	0.0000
sex	系数估计值	-0.239＊＊＊	-0.189＊＊＊	-0.180＊＊＊	-0.186＊＊＊	-0.154＊＊＊
	t检验P值	0.0000	0.0000	0.0000	0.0000	0.0030
$well$	系数估计值	0.589＊＊＊	0.249	0.300＊＊＊	0.206	0.132
	t检验P值	0.0000	0.1045	0.0003	0.1995	0.4528
$high$	系数估计值	0.099	0.205＊＊＊	0.190＊＊＊	0.281＊＊＊	0.228＊＊＊
	t检验P值	0.1691	0.0000	0.0001	0.0000	0.0009
$public$	系数估计值	0.119＊＊	0.075＊＊	0.071＊＊	0.092＊＊	0.119＊＊
	t检验P值	0.0101	0.0364	0.0384	0.0314	0.0437
$register$	系数估计值	-0.093＊	-0.051	0.022	0.091＊	0.223＊＊＊
	t检验P值	0.0659	0.2311	0.5855	0.0627	0.0049

续表

		tau = 0.1	tau = 0.3	tau = 0.5	tau = 0.7	tau = 0.9
Intercept	系数估计值	0.306***	1.030***	1.142***	1.481***	1.909***
	t检验P值	0.0006	0.0000	0.0000	0.0000	0.0000
拟合优度		0.085	0.097	0.113	0.121	0.151
调整的拟合优度		0.080	0.092	0.108	0.117	0.146

注：***表示在1%的置信水平下显著；**表示在5%的置信水平下显著；*表示在10%的置信水平下显著。

表 3-8　中西部城市服务业工资收入各分位数回归检验结果

		tau = 0.1	tau = 0.3	tau = 0.5	tau = 0.7	tau = 0.9
edu	系数估计值	0.046***	0.053***	0.054***	0.049***	0.051***
	t检验P值	0.0000	0.0000	0.0000	0.0000	0.0000
exp	系数估计值	0.010***	0.022***	0.025***	0.027***	0.025***
	t检验P值	0.0000	0.0000	0.0000	0.0000	0.0000
squ	系数估计值	0.0000	-0.0002***	-0.0003***	-0.0003***	-0.0004***
	t检验P值	0.8876	0.0000	0.0000	0.0000	0.0000
sex	系数估计值	-0.110***	-0.132***	-0.145***	-0.177***	-0.196***
	t检验P值	0.0000	0.0000	0.0000	0.0000	0.0000
well	系数估计值	0.236**	0.141**	0.155**	0.105*	-0.042
	t检验P值	0.0144	0.0199	0.0257	0.0811	0.8492
high	系数估计值	0.374***	0.311***	0.294***	0.247***	0.162***
	t检验P值	0.0000	0.0000	0.0000	0.0000	0.0003
public	系数估计值	0.145***	0.182***	0.133***	0.104***	-0.016
	t检验P值	0.0000	0.0000	0.0000	0.0014	0.7505
register	系数估计值	-0.012	-0.079***	0.016	0.098***	0.288***
	t检验P值	0.7004	0.0013	0.5620	0.0033	0.0000
Intercept	系数估计值	0.341***	0.743***	0.947***	1.332***	1.887***
	t检验P值	0.0004	0.0000	0.0000	0.0000	0.0000
拟合优度		0.122	0.157	0.183	0.196	0.159
调整的拟合优度		0.121	0.156	0.182	0.195	0.158

注：***表示在1%的置信水平下显著；**表示在5%的置信水平下显著；*表示在10%的置信水平下显著。

三 计量模型拟合系数评估

这里以东部城市制造业和服务业为例对工资收入分位数回归模型拟合系数做出评估。中西部城市工资收入分位数回归模型的拟合系数不再单独进行说明，可参考东部城市相关内容。

如表3-5和表3-6所示，对"受教育程度"而言，制造业数据在各分位点均为正且都通过了1%水平下的显著性检验；服务业数据存在制造业类似的特点。这说明不论对东部城市制造业还是服务业而言，教育对于提高劳动者工资收入都有明显的积极作用。关于受教育程度与工资收入间关系的研究，可进一步参考杜鹏（2005），罗楚亮（2007），田世超和陆鸣（2007），邢春冰（2008），夏庆杰、宋丽娜和Appleton（2012）。

对"潜在工作经验"而言，制造业数据在各分位点下同样为正且都通过了1%水平下的显著性检验；服务业数据除了在0.1分位点处不显著之外，在其他分位点处都有与制造业类似的特点。这说明对东部城市制造业和服务业而言，工作经验对于提高劳动者工资收入都有明显的积极作用。关于潜在工作经验与工资收入间关系的研究，可进一步参考刘生龙（2008），夏庆杰、宋丽娜和Appleton（2012）。

对"潜在工作经验的平方"而言，制造业数据在各分位点下均为负且都通过了1%水平下的显著性检验；服务业数据也均为负但在0.1分位点和0.2分位点处未能通过1%水平下的显著性检验。这说明对东部城市两大产业整体而言，工作经验的增加对于推动劳动者工资收入增长的效果呈现边际递减。

对"性别"而言，制造业数据在各分位点下均为负且都通过了1%水平下的显著性检验；服务业同样在各分位点下均为负且都通过了1%水平下的显著性检验。这说明不论是在东部城市制造业中还是在东部城市服务业中，女性仍然受到明显的性别歧视。关于性别与工资收入间关系的研究，可进一步参考葛玉好（2007）、李春玲和李实（2008）、吴愈晓和吴晓刚（2009）、陈建宝和段景辉（2009）。

对"职业状况"而言，制造业数据在各分位点下均为正且都通过了1%水平下的显著性检验；服务业同样在各分位点下为正且都通过了1%水平下的显著性检验。这说明高级职业劳动者比普通职业劳动者获得了非常显著的工资收入溢价，这种符合市场经济逻辑的收入分配结构已经在东部城市的两大产业中确立。关于职业状况与工资收入间关系的研究，可进一步参考吴愈晓（2011）、张群（2011）、卿石松和郑加梅（2013）。

上述劳动力构成要素，比如受教育程度、潜在工作经验、性别和职业状况，其分位数回归检验结果在东部城市两大产业部门中呈现相似的特点。而在上述要素之外，还有部分劳动构成要素，如健康状况、所有制属性和户籍状况，其分位数回归检验结果则在两大部门中表现出一定的差异化特点。

如"健康状况"方面，制造业数据都为正但在0.2分位点和高收入端的0.6~0.9分位点处未能通过5%水平下的显著性检验；服务业数据也都为正却在低收入端的0.1、0.2分位点处未能通过5%水平下的显著性检验。这说明对于东部城市0.6分位点以上的较高收入群体而言，制造业部门相对规范的作息制度和福利体系有助于减小健康状况给工资收入带来的影响，而服务业部门日趋拉长的工作时间和日渐强化的劳动强度，使得健康状况对工资收入的影响渐为显著。关于健康状况与工资收入间关系的研究，可进一步参考余央央和封进（2006）、齐良书（2006）、杜雯雯和曹乾（2009）。

再如"所有制属性"方面，制造业数据均为正且都通过了1%水平下的显著性检验；服务业数据开始为正但在高收入端的0.8、0.9分位点处由正转负，且在0.7~0.9分位点处未能通过1%水平下的显著性检验。这说明在东部城市制造业中，公有制带来的工资收入溢价对各个收入群体而言依然非常显著，劳动力在不同所有制企业间的流动存在明显壁垒。但在东部城市服务业中，所有制特点给工资收入造成的影响对于高收入群体而言已不再显著。关于这方面的研究，可进一步参考 Meng

(2000)、邢春冰（2005）、尹志超和甘犁（2009）、夏庆杰、李实、宋丽娜和 Appleton（2012）。

最后，在"户籍状况"方面，制造业数据开始为负并在0.3分位点处由负转正，且在0.5分位点及以下未能通过1%水平下的显著性检验；服务业数据都为正且都通过了1%水平下的显著性检验。这说明对东部城市制造业而言，户籍状况给工资收入造成的影响在低、高收入端出现了分化，但在低收入端的分化状态尚不显著。而对东部城市服务业而言，城镇户籍则在各分位点处获得了非常显著的工资溢价。关于户籍状况与工资收入的研究，可进一步参考蔡昉和王美艳（2009）、田丰（2010）、周小刚和李丽清（2012）、郭震（2013）。

四 转型升级下劳动力构成要素影响收入分配的作用机制

图3-3和图3-4分别显示了所有制特点和职业状况在各分位点下区分地区、产业的回报差异比较。其中，实线代表东部城市相应劳动要素工资回报率随分位点变化的发展趋势，虚线代表中西部城市相应劳动要素工资回报率随分位点变化的发展趋势。通过回报差异比较，可以揭示在产业结构转型升级过程中，城市在向服务型经济的普遍趋势转变时，各种劳动力要素影响未来城市收入分配缺口的作用机制。这里以东部城市服务业与制造业间的所有制回报率（见图3-3）和职业回报率（见图3-4），分别对如下两种情况加以说明。关于受教育程度、工作经验、性别、健康状况、户籍状况在各分位点下分地区、分产业的回报差异比较，可见本章附录。

（一）特定分位点下当制造业要素回报率大于服务业时各因素影响收入的作用机制

如图3-3，考察东部城市产业结构转型升级过程中，所有制特点对未来城市收入分配的影响，提出如下假设。

假定1 社会中有甲、乙、丙、丁四个劳动者，在城市产业结构转型升级之前，甲、丙 $\in$ 制造业（记为 M），乙、丁 $\in$ 服务业（记为 S）。

第三章 产业结构转型升级对收入分配的静态影响

当城市产业结构转型升级之后，制造业劳动者全部进入服务业部门，此时甲、乙、丙、丁 $\in S$。

假定 2 在甲、乙、丙、丁四个劳动者中，甲、乙 $\in$ 公有制单位从业人员（记为 PUB），丙、丁 $\in$ 非公有制单位从业人员（记为 NOP）。且在产业结构转型升级之后，甲、乙、丙、丁四个劳动者的所有制就业结构保持不变。

假定 3 甲、乙、丙、丁四个劳动者处在同一收入分位点 tau 下，且除了所有制属性有所差异外，其他各类劳动力属性保持一致。

假定 4 甲、乙、丙、丁四个劳动者的工资收入分别为，在产业结构转型升级之前，$wage(丙) = wage(丁) = c$，$wage(甲) = a$，$wage(乙) = b$。而在产业结构转型升级之后，仍然有 $wage(丙) = wage(丁) = c$，$wage(乙) = b$，但此时 $wage(甲) = wage(乙) = b$。

$\therefore \forall tau$

$\exists Coefficient(public \cdot M) > Coefficient(public \cdot S) > 0$

and 甲 $\in (M \cap PUB)$；乙 $\in (S \cap PUB)$

$\because a > b > c$

采用基尼系数反映产业结构转型升级前后，"所有制属性"对城市收入分配不平等程度的影响。转型升级之前的城市基尼系数记为 G^{ex}，而转型升级之后的城市基尼系数记为 G^{sc}，则：

$$G^{ex} = 1 - \frac{1}{4} \cdot \sum_{i=1}^{4}(w_i^{ex} + w_{i-1}^{ex})$$

$\because w_0^{ex} = 0$；$w_1^{ex} = \frac{c}{a+b+2c}$；$w_2^{ex} = \frac{2c}{a+b+2c}$；$w_3^{ex} = \frac{2c+b}{a+b+2c}$；

$w_4^{ex} = 1$

$\therefore G^{ex} = \frac{3}{4} - \frac{1}{2} \cdot \frac{5c+b}{a+b+2c}$

$$G^{sc} = 1 - \frac{1}{4} \cdot \sum_{i=1}^{4}(w_i^{sc} + w_{i-1}^{sc})$$

$\because w_0^{sc} = 0$；$w_1^{sc} = \frac{c}{2b+2c}$；$w_2^{sc} = \frac{2c}{2b+2c}$；$w_3^{sc} = \frac{2c+b}{2b+2c}$；$w_4^{sc} = 1$

105

产业结构转型升级：如何影响就业结构和收入分配

$$\therefore G^{sc} = \frac{3}{4} - \frac{1}{4} \cdot \frac{5c+b}{b+c}$$

$$\because G^{sc} - G^{ex}$$

$$= \left(\frac{3}{4} - \frac{1}{4} \cdot \frac{5c+b}{b+c}\right) - \left(\frac{3}{4} - \frac{1}{2} \cdot \frac{5c+b}{a+b+2c}\right)$$

$$= \frac{(5c+b) \cdot (b-a)}{4(b+c) \cdot (a+b+2c)}$$

即 $G^{sc} - G^{ex} = \dfrac{(5c+b) \cdot (b-a)}{4(b+c) \cdot (a+b+2c)}$ （3-11）

在式（3-11）中：

$\because 5c+b > 0; b+c > 0; a+b+2c > 0; b-a < 0$

$\therefore G^{sc} - G^{ex} < 0$

$\therefore G^{sc} < G^{ex}$

这说明，在东部城市产业结构转型升级过程中，由所有制特点造成的社会收入分配差距将有所弱化。该结论可扩充至一般情况，即对制造业要素回报率大于服务业要素回报率的特定收入人群而言，城市产业结构的转型升级，将弱化由该要素造成的社会收入分配差距。那么对制造业要素回报率小于服务业要素回报率的特定收入人群而言，产业结构转型升级又将给未来的城市收入分配带来怎样的影响呢？

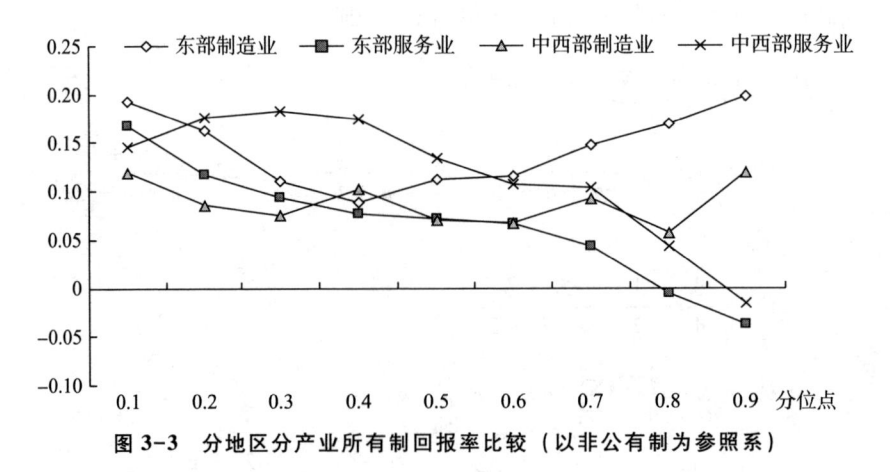

图 3-3 分地区分产业所有制回报率比较（以非公有制为参照系）

(二) 特定分位点下当制造业要素回报率小于服务业时各因素影响收入的作用机制

如图 3-4，考察东部城市产业结构转型升级过程中，职业状况对未来收入分配的影响，提出如下假定。

假定 5 同假定 1。

假定 6 在甲、乙、丙、丁四个劳动者中，甲、乙 $\in$ 高级职业（记为 HOC），丙、丁 $\in$ 普通职业（记为 LOC）。且在产业结构转型升级之后，甲、乙、丙、丁四个劳动者的职业结构保持不变。

假定 7 甲、乙、丙、丁四个劳动者处在同一收入分位点 tau 下，并且除了职业状况有所差异外，其他各类劳动力要素保持一致。

假定 8 同假定 4。

$\therefore \forall tau$

$\exists Coefficient(high \cdot S) > Coefficient(high \cdot M) > 0$

and 甲 $\in (M \cap HOC)$；乙 $\in (S \cap HOC)$

$\therefore b > a > c$

同样用基尼系数反映产业结构转型升级前后"职业状况"对城市收入分配差距的影响。转型升级前的城市基尼系数记为 G^{ex}，而转型升级后的城市基尼系数记为 G^{sc}，则：

$$G^{ex} = 1 - \frac{1}{4} \cdot \sum_{i=1}^{4}(w_i^{ex} + w_{i-1}^{ex})$$

$\therefore w_0^{ex} = 0; w_1^{ex} = \frac{c}{a+b+2c}; w_2^{ex} = \frac{2c}{a+b+2c}; w_3^{ex} = \frac{2c+a}{a+b+2c};$

$w_4^{ex} = 1$

$\therefore G^{ex} = \frac{3}{4} - \frac{1}{2} \cdot \frac{5c+a}{a+b+2c}$

$$G^{sc} = 1 - \frac{1}{4} \cdot \sum_{i=1}^{4}(w_i^{sc} + w_{i-1}^{sc})$$

$\therefore w_0^{sc} = 0; w_1^{sc} = \frac{c}{2b+2c}; w_2^{sc} = \frac{2c}{2b+2c}; w_3^{sc} = \frac{2c+b}{2b+2c}; w_4^{sc} = 1$

产业结构转型升级：如何影响就业结构和收入分配

$$\therefore G^{sc} = \frac{3}{4} - \frac{1}{4} \cdot \frac{5c+b}{b+c}$$

$$\therefore G^{sc} - G^{ex}$$

$$= \left(\frac{3}{4} - \frac{1}{4} \cdot \frac{5c+b}{b+c}\right) - \left(\frac{3}{4} - \frac{1}{2} \cdot \frac{5c+a}{a+b+2c}\right)$$

$$= \frac{(3c-b) \cdot (b-a)}{4(a+b+2c) \cdot (b+c)}$$

即 $G^{sc} - G^{ex} = \frac{(3c-b) \cdot (b-a)}{4(a+b+2c) \cdot (b+c)}$ （3-12）

在式（3-12）中：

$\because b - a > 0; a + b + 2c > 0; b + c > 0$

$\therefore G^{sc} - G^{ex} > 0 \ or \leqslant 0$ 决定于 $3c - b > 0 \ or \leqslant 0$

这说明，与关于东部城市所有制特点的分析不同，在东部城市产业结构转型升级过程中，由职业状况造成的社会收入分配差距变化，将取决于产业结构转型升级之前，服务业中高级职业劳动者和普通职业劳动者工资收入变化形式的大小比较。在上述假定下，如果产业结构转型升级之前，城市服务业高级职业劳动者工资小于三倍普通职业劳动者工资，将导致在东部城市产业结构转型升级过程中，由职业状况造成的社会收入分配差距趋于强化；反之则相反。

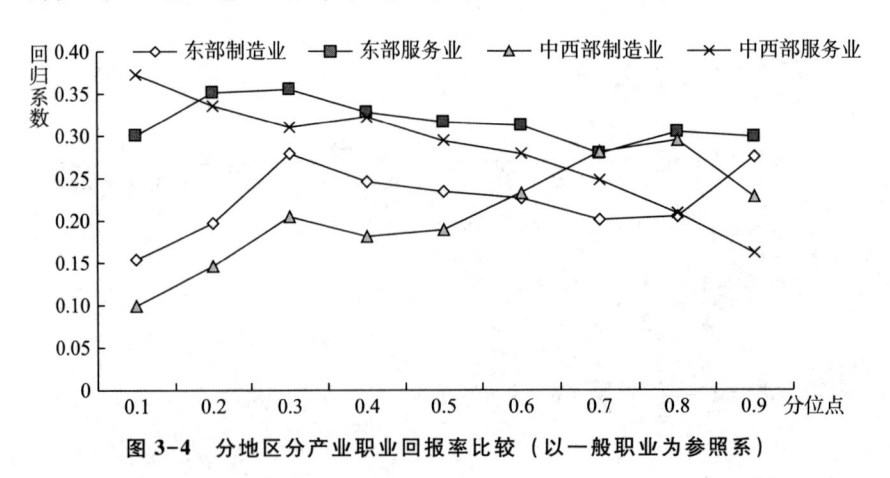

图 3-4 分地区分产业职业回报率比较（以一般职业为参照系）

该结论亦可扩充至一般情况，即对制造业要素回报率小于服务业的特定收入人群而言，在城市产业结构转型升级过程中，由该要素造成的收入分配差距究竟朝何种方向变化，将取决于产业结构转型升级之前，该要素在服务业中引起的实际工资偏移量与"平衡工资偏移量"之间的关系（在上述关于职业状况的假定分析中，平衡工资偏移量 $b^* = 3c$）。

第四节 回报差异和变量差异对收入分配贡献程度的度量

借助反事实分解和 R 语言编程，本部分研究表明：一方面，随着收入分位点不断上升，服务业与制造业工资差距中的回报差异逐渐缩小并在高分位点处由负转正，这种趋势在东部城市和中西部城市同时存在；另一方面，服务业与制造业的变量差异在不同地区城市间却大相径庭，在东部城市，服务业中劳动力变量已然全面超越制造业，而在中西部城市，服务业仍然明显落后制造业。在本章后续部分将会看到，这里出现的变量差异体现的正是人力资本差异。

一 MM2005 方法和 R 语言建模

本章对产业工资总差异中回报差异和变量差异的分解，是基于反事实分解中的 MM2005 方法，本章借助 R 语言实现了具体建模过程。

（一）MM2005 反事实分解

反事实分解基于对集中趋势考察和对离散趋势考察的不同，可以分为两类：关注集中趋势并在拟合系数向量值基础上进行的分解，可称为均值分解法；关注离散趋势并在拟合系数向量值基础上进行的分解，可称为分布分解法。前者所包含的经典方法有 Oaxaca-Blinder 分解及其改进、Brown 分解及其改进和 JMP1991 分解。后者所包含的经典方法有 JMP1993 分解、DFL 分解、MM2005 分解、FL1998 分解、Lemieux 分解、Q-JMP 分解和 FFL 分解。对这些方法的详细介绍，可以参考郭继强、姜俪和陆利丽（2011）。本章所采用的正是在 QRM 基础上进行的 MM2005 分解（Machado & Mata，2005）。

上文提到的分位数回归方法（QRM）虽然可以全面揭示解释变量对被解释变量在各个枚举分位点上的影响，但是该方法只能反映解释变量对被解释变量条件分布影响的整体效应，不能反映解释变量变动对被解释变量分布变动的边际效应。例如，在收入分配问题研究中，要想观察协变量 X 分布变动对因变量工资分布的边际影响，需要将 QRM 中工资条件分布转换为无条件分布或者边缘密度函数。在此基础上，再通过构造所需要的反事实分布进行相关研究。Machado 和 Mata（2005）就是沿着上述思路构造了 MM2005 分解方法。在产业结构转型时期收入分配问题的研究中，该方法可通过如下公式实现：

$$y_q(3) - y_q(2) = \{y_q(3) - [y_q(3) \mid \beta_q(2)]\} + \{[y_q(3) \mid \beta_q(2)] - y_q(2)\}$$

(3-13)

其中，$y_q(3)$ 表示 q 分位点下服务业平均工资，$y_q(2)$ 表示 q 分位点下制造业平均工资，$y_q(3) \mid \beta_q(2)$ 表示 q 分位点下以制造业系数向量作用于服务业解释变量而拟合得到的反事实平均工资。$y_q(3) - [y_q(3) \mid \beta_q(2)]$ 是回报影响，反映了城市两大部门在劳动力构成相同条件下，因为要素回报差异所造成的部门工资溢价 $[y_q(3) \mid \beta_q(2)] - y_q(2)$，被称为变量影响，反映了两大部门在要素回报相同条件下，劳动力质量差异（反映的是人力资本差异）所造成的部门工资溢价 [在服务化产业结构转型升级趋势下，这里将以制造业为参照基准，而对反事实分解中指数基准问题的考察，郭继强、陆利丽（2009）进行了相关研究]。

MM2005 定义下的反事实平均工资 $[y_q(3) \mid \beta_q(2)]$ 具体拟合过程为：（1）枚举研究所需分位点 tau，并得到分位点集合 taus = (q_1, q_2, $q_3 \cdots q_n$)；（2）模拟系数向量矩阵 $\hat{\beta}$，将制造业截面数据分别在 n 个分位点下用 QRM 进行回归，得到制造业系数向量矩阵 $\hat{\beta}(2)_{m \cdot n}$（其中 m

表示包含常数项在内的自变量个数）；（3）构造解释变量矩阵 X，如服务业解释变量矩阵可表示为 $X(3)_{u \cdot m}$（其中 u 表示城镇服务业样本中的观察值数量）；（4）拟合反事实工资矩阵 $\hat{Y}$，如以制造业系数向量作用于服务业解释变量而得到的反事实工资矩阵 $[\hat{Y}(3) | \hat{\beta}(2)] = X(3)_{u \cdot m} \cdot \hat{\beta}(2)_{m \cdot n}$；（5）计算指定分位点下的反事实平均工资 $[\hat{y}_q(3) | \hat{\beta}_q(2)]$，如 $q=\tau$ 分位点下的反事实平均工资 $[\hat{y}_\tau(3) | \beta_\tau(2)] = u^{-1} \sum_{i=1}^{u} [\hat{Y}(3) | \hat{\beta}_\tau(2)]$。因此式（3-13）更为准确的表达为：

$$y_q(3) - y_q(2) = \{\hat{y}_q(3) - [\hat{y}_q(3) | \hat{\beta}(2)]\} + \{[\hat{y}_q(3) | \hat{\beta}(2)] - \hat{y}_q(2)\} + \varepsilon_q$$

(3-14)

（二）R 语言建模

上文提到的 MM2005 方法，虽然能在 QRM 基础上对工资分布差异和变动趋势进行分解，但也有内部方法设计和外部工具实现的局限性。郭继强等（2011）认为这主要体现在三个方面：一是单一协变量分解过程中，对无条件重置变量权重的做法应有所质疑；二是枚举大量分位点数据过程中，反复运行的反事实拟合计算会带来庞大的运算量；三是判断 QRM 估计量是否满足不同分位点下一致性的过程中，需要确保分位数函数模型设定是正确的。由于本章引入的分位数回归工资方程［式（3-3）］，是建立在 Mincer1973 经典工资方程的基础上，因此这里的第三项质疑可被排除。

MM2005 方法在这里的应用还有前两项困难。R 语言的出现可以很好地解决第二项质疑，并为第一项质疑的解决提供可能。R 语言最早由奥克兰大学的统计学教授罗伯特·杰特曼（Robert Gentleman）和罗斯·伊哈卡（Ross Ihaka）基于 S 语言开发，出现伊始凭借其自由、免费、开源的特点，受到世界各地研究和技术人员的欢迎。本章总结的关于 R 语言的核心思想是：提供一种数学环境，在该环境下堆栈世界各地研究人员所提供的各类数学计算和设计代码，允许后来者在前人基础上进行修改，从而按照各自需要创新统计方法并实现。R 实现堆栈的主要方式是使用各种各样的 R 包。现在 R 的基本程序包含 8 个基础模块，但在 CRAN（Comprehensive R Archive Network，泛 R 档案网络）[①] 中，截至 2013 年 3 月，其收录的各类包已达 4338 个。目前，R 已成为大数据挖掘中最为流行的工具语言，在金融衍生品设计、生命科学和生物医药研究等领域得到广泛的应用。

本章对 MM2005 方法的使用正是通过 R 语言得以实现，其关键是加载并调用 quantreg 包（目前 CRAN 面向中国大陆共有 4 个镜像站点，均支持对 quantreg 的加载）。在此基础上，按照研究的需要，作者编写了包含多个虚拟变量的 MM2005 程序，前文对反事实平均工资 $[y_q(3) | \beta_q(2)]$ 的计算，就是按照 R 的语法设计的。由于 R 在矩阵计算中的优势，使得 R 的计算响应速度快于 Eviews、Stata、SPSS 等流行统计软件，但 R 最为明显的特点还是其开源性。对协变量间相关关系在大数据基础上的挖掘，为解决上文提到的针对 MM2005 的第一项质疑提供了思路 [要研究单一协变量变动的边际影响，已经可以借助 DFL 分解方法对条件权重进行重置（Firpo et al., 2007），但遇到协变量为连续变量时，目前还没有合适的方法]。由于本章是对制造业部门和服务业部门劳动力变量进行的整体反事实分解，不涉及单一协变量问题，因此 MM2005 于本章研究。

二 基于 MM2005 方法的模型构建和结果计算

（一）反事实分解模型构建

首先，需要对各分位点下制造业平均工资、服务业平均工资以及反事实平均工资进行模拟，模拟方程如下。

东部城市服务业平均工资：

$$\hat{y}_q(3)^{ES} = \frac{1}{u^{ES}} \sum_{i=1}^{u^{ES}} [X'_i(3)^{ES}_{1\times m} \cdot \hat{\beta}_q(3)^{ES}_{m\times 1}] \qquad (3-15)$$

[①] http://cran.r-project.org/.

中西部城市服务业平均工资：

$$\hat{y}_q(3)^{WS} = \frac{1}{u^{WS}} \sum_{i=1}^{u^{WS}} [X'_i(3)^{WS}_{1\times m} \cdot \hat{\beta}_q(3)^{WS}_{m\times 1}] \qquad (3-16)$$

其中，u 表示服务业样本中的观察值个数；$X'_i(3)$ 表示服务业样本中第 i 个观察值的解释变量矩阵；$\hat{\beta}_q(3)$ 表示 q 分位点下的服务业系数向量矩阵。

东部城市制造业平均工资：

$$\hat{y}_q(2)^{EM} = \frac{1}{v^{EM}} \sum_{i=1}^{v^{EM}} [X'_i(2)^{EM}_{1\times m} \cdot \hat{\beta}_q(2)^{EM}_{m\times 1}] \qquad (3-17)$$

中西部城市制造业平均工资：

$$\hat{y}_q(2)^{WM} = \frac{1}{v^{WM}} \sum_{i=1}^{v^{WM}} [X'_i(2)^{WM}_{1\times m} \cdot \hat{\beta}_q(2)^{WM}_{m\times 1}] \qquad (3-18)$$

其中，v 表示制造业样本中的观察值个数；$X'_i(2)$ 表示制造业样本中第 i 个观察值的解释变量矩阵；$\hat{\beta}_q(2)$ 表示 q 分位点下的制造业系数向量矩阵。

东部城市反事实平均工资：

$$\hat{y}_q(*)^{ECF} = [\hat{y}_q(3)^{ES} | \hat{\beta}_q(2)^{EM}] = \frac{1}{u^{ES}} \sum_{i=1}^{u^{ES}} [X'_i(3)^{ES}_{1\times m} \cdot \hat{\beta}_q(2)^{EM}_{m\times 1}] \quad (3-19)$$

中西部城市反事实平均工资：

$$\hat{y}_q(*)^{WCF} = [\hat{y}_q(3)^{WS} | \hat{\beta}_q(2)^{WM}] = \frac{1}{u^{WS}} \sum_{i=1}^{u^{WS}} [X'_i(3)^{WS}_{1\times m} \cdot \hat{\beta}_q(2)^{WM}_{m\times 1}] \quad (3-20)$$

接下来，需要对 q 分位点下反事实平均工资 $\hat{y}_q(*)$ 进行拟合，具体过程如下。

第一步，枚举研究所需分位点 tau，并得到分位点集合 $taus = (q_1, q_2, q_3, \cdots, q_n)$。

第二步，模拟系数向量矩阵 $\hat{\beta}$，将制造业截面数据在 n 个分位点下按照 QRM 进行回归,得到制造业系数向量矩阵 $\hat{\beta}(2)_{m\cdot n}$(其中 m 表示包含常数项在内的自变量个数)。

第三步,构造解释变量矩阵 X,服务业解释变量矩阵可表示为 $X(3)_{u\cdot m}$(其中 u 表示服务业样本中的观察值数量)。

第四步,拟合反事实工资矩阵 $\hat{y}(*)$,如以制造业系数向量作用于服务业解释变量而得到的反事实工资矩阵 $\hat{y}(*) = X(3)_{u\times m} \cdot \hat{\beta}(2)_{m\times n}$。

第五步,计算指定分位点下的反事实平均工资 $\hat{y}(*)$,比如 $q = \tau$ 分位点下的反事实平均工资 $[\hat{y}_\tau(3) | \hat{\beta}_\tau(2)] = \mathrm{apply}[\hat{y}(*), 2, \mathrm{mean}]_\tau$。其中,apply($A$, 2, mean)是 R 的功能函数,表示对矩阵 A 各列求平均值。

(二)反事实分解结果计算

通过上述模拟过程,借助 R 语言,本章得到了关于东部城市和中西部城市产业间平均工资总差异的反事实分解计算结果,分别如表 3-9、表 3-10 所示。

表 3-9 东部城市产业间平均工资总差异反事实分解计算结果

分位点	制造业平均工资	服务业平均工资	反事实平均工资	总差异 绝对值	总差异 相对值	回报差异 绝对值	回报差异 相对值	变量差异 绝对值	变量差异 相对值
0.05	1.611	1.446	1.611	-0.165	-10.26%	-0.165	-10.24%	0.000	0.00%
0.10	1.770	1.633	1.773	-0.137	-7.73%	-0.140	-7.93%	0.003	0.21%
0.20	1.964	1.869	1.971	-0.095	-4.83%	-0.102	-5.21%	0.007	0.38%
0.30	2.124	2.042	2.130	-0.082	-3.86%	-0.088	-4.13%	0.006	0.28%
0.40	2.253	2.192	2.257	-0.061	-2.71%	-0.065	-2.89%	0.004	0.18%
0.50	2.371	2.318	2.382	-0.052	-2.21%	-0.064	-2.70%	0.011	0.50%
0.60	2.492	2.442	2.516	-0.050	-2.01%	-0.074	-2.96%	0.024	0.95%
0.70	2.624	2.591	2.659	-0.032	-1.23%	-0.068	-2.57%	0.035	1.35%
0.80	2.776	2.767	2.823	-0.009	-0.34%	-0.056	-2.02%	0.047	1.68%
0.90	2.969	3.003	3.024	0.034	1.14%	-0.021	-0.69%	0.055	1.84%
0.95	3.155	3.215	3.210	0.059	1.88%	0.004	0.14%	0.055	1.74%

注:(1)此处制造业平均工资采用的是小时平均工资对数形式,服务业平均工资和反事实平均工资也是如此;

续表

（2）总差异绝对值＝服务业平均工资－制造业平均工资，总差异相对值＝总差异绝对值/制造业平均工资；

（3）回报差异绝对值＝服务业平均工资－反事实平均工资，回报差异相对值＝回报差异绝对值/制造业平均工资；

（4）变量差异绝对值＝反事实平均工资－制造业平均工资，变量差异相对值＝变量差异绝对值/制造业平均工资。

表3-10　中西部城市产业间平均工资总差异反事实分解计算结果

分位点	制造业平均工资	服务业平均工资	反事实平均工资	总差异绝对值	总差异相对值	回报差异绝对值	回报差异相对值	变量差异绝对值	变量差异相对值
0.05	1.187	0.988	1.158	-0.200	-16.82%	-0.170	-14.32%	-0.030	-2.50%
0.10	1.364	1.206	1.314	-0.158	-11.58%	-0.108	-7.92%	-0.050	-3.66%
0.20	1.574	1.442	1.524	-0.132	-8.36%	-0.082	-5.20%	-0.050	-3.16%
0.30	1.735	1.610	1.683	-0.125	-7.21%	-0.073	-4.18%	-0.053	-3.03%
0.40	1.862	1.759	1.806	-0.103	-5.51%	-0.047	-2.53%	-0.056	-2.99%
0.50	1.975	1.882	1.924	-0.093	-4.69%	-0.042	-2.12%	-0.051	-2.57%
0.60	2.103	2.030	2.045	-0.073	-3.45%	-0.015	-0.70%	-0.058	-2.76%
0.70	2.242	2.185	2.176	-0.056	-2.52%	0.009	0.42%	-0.066	-2.94%
0.80	2.427	2.369	2.362	-0.058	-2.39%	0.008	0.32%	-0.066	-2.71%
0.90	2.690	2.623	2.613	-0.067	-2.48%	0.010	0.39%	-0.077	-2.87%
0.95	2.907	2.907	2.830	0.001	0.02%	0.077	2.64%	-0.076	-2.62%

注：相关指标计算方式同表3-9注。

三　产业间回报差异和变量差异的地区比较

（一）总差异比较

总差异数据显示，东部城市在最低分位点处，服务业部门平均工资相对于制造业部门存在明显的折价效应（0.05分位点处总差异相对值达到-10.26%），但是随着分位点的升高，上述折价效应不断减弱并在高分位点处出现溢价效应（0.95分位点总差异相对值变为1.88%）。比较而言，中西部城市在最低分位点处，服务业部门平均工资对制造业部门呈现更为明显的折价效应（0.05分位点总差异相对值达到-16.82%），而随着分位点的上升，上述折价效应同样呈现出不断减弱的趋势（只在0.8~0.9分位点处有微弱加强），并同样在高分位点出现溢价效应（不过非常微弱，0.95分位点对应的总差异相对值为0.02%）。

数据还显示，东部城市服务业部门与制造业部门工资总差异临界点出现在0.8~0.9分位点处，而中西部则出现在0.9~0.95分位点处。该结果进一步说明了，中国的情况不同于发达国家启动于20世纪60年代末至70年代初的城市产业结构转型升级过程。在收入分配方面，中国城市还只是在低收入端出现了服务业贫困化现象，但通过东部城市与中西部城市间的对比，可以推测如果中国的产业结构转型升级进程能够有效推进，服务业工资对制造业工资总差异曲线将整体上移，这会有助于缩小中低收入阶层服务业劳动者与制造业劳动者间的平均工资差距，并同时推动产业间临界点向较低分位点移动（见图3-5）。

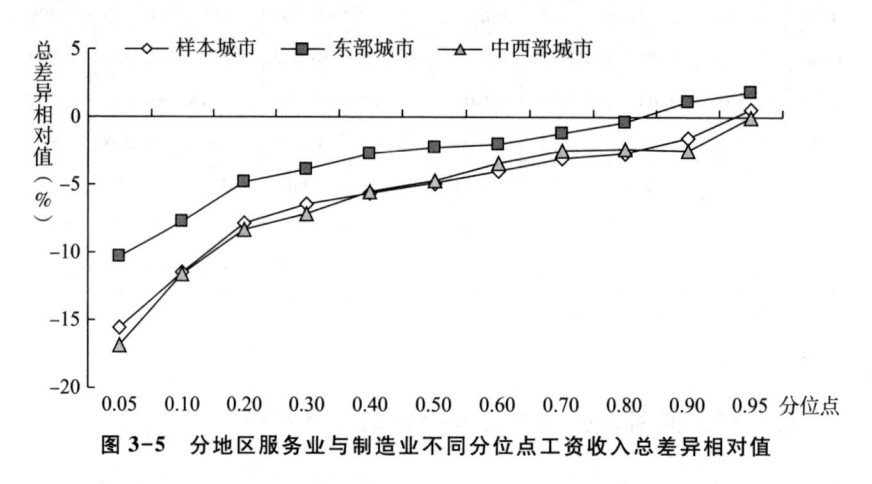

图3-5 分地区服务业与制造业不同分位点工资收入总差异相对值

（二）产业间回报差异比较

"回报差异"反映了不同产业工资总差异中，可以由产业本身整体回报差异解释的部分。数据显示，东部城市在绝大部分分位点处，服务业与制造业的产业回报差异存在明显的折价效应（0.05分位点处折价效应最为明显，为-10.24%），但随着分位点的变高，上述折价效应不断减弱并在最高分位点转为溢价效应（0.95分位点处呈现微弱的溢价效应，为0.14%）。

比较而言，中西部城市在0.5分位点处及以下，服务业与制造业的产业回报差异曲线与东部城市高度吻合（只是在0.05分位点处，折价效应为-14.32%）。中位数以上，与东部城市相比，中西部城市产业间回报差异的折价效应迅速弱化，并在0.6~0.7分位点转为溢价效应（在0.95分位点处，上述溢价效应为2.64%）。对东部城市与中西部城市产业间整体回报差异的刻画，可见图3-6。

中位点以上，中西部城市服务业相对于制造业的折价效应迅速消失并不能说明该分位点区间中西部地区服务业获得了较快发展，更为合理的解释应当是中西部地区先进制造业发展的滞后（原磊和王加胜，2011；金碚等，2011）。而在相同的分位点区间，东部城市折价效应消失的迟缓，则主要源于前述东部城市生产者服务业发展的不充分（高传胜和刘志彪，2005；程大中，2008；陈爱贞和刘志彪，2008；唐保庆，2009；吴福象和朱蕾，2014）。

整体来看，服务业部门对制造业部门工资收入的回报差异曲线，在东部城市与中西部城市间十分相似（忽略0.05和0.95这两个极端分位点后，两条曲线的相似性更为明显）。此外，如果将部门间整体回报差异曲线与工资总差异曲线对比来看，两者在发展趋势上，也呈现某种变动相似性。但两者在分布位置上，则呈现一定的结构差异。随后将会看到，这种结构差异来自产业间变量差异。

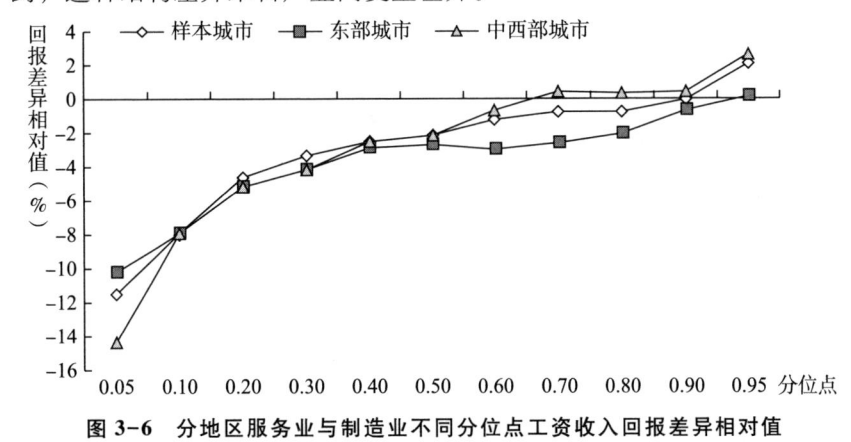

图3-6 分地区服务业与制造业不同分位点工资收入回报差异相对值

（三）产业间变量差异比较

"变量差异"反映了不同产业工资总差异中，可以由产业间人力资本比较优势解释的部分［见式（3-2）］。这里需要说明的是，之所以能够以变量差异刻画产业间人力资本比较优势，正是因为前文对工资收入的实证是建立在 Mincer1973 工资收入-人力资本经典方程基础之上。数据显示，在东部城市几乎所有分位点处，服务业与制造业比较下的变量差异均呈现溢价效应。与此形成鲜明对比的是，中西部城市在全部分位点处，上述产业间变量差异均呈现明显的折价效应（产业间工资收入变量差异的相对值在-3.66%和-2.50%之间），见图3-7。

数据说明，在本书所研究的这轮中国产业结构转型升级早期，从产业间工资收入总差异中分解得到的人力资本比较优势，在东部城市与中西部城市间已出现显著分化。其中，东部城市服务业中人力资本水平已全面超越制造业，而中西部城市制造业仍然具有明显优势。这进一步提醒我们，鉴于东部城市与中西部城市面对截然不同的产业间人力资本比较优势，为有效提高未来城市内部平均工资收入，不同地区应选择适合自身的差异化产业结构转型升级之路。

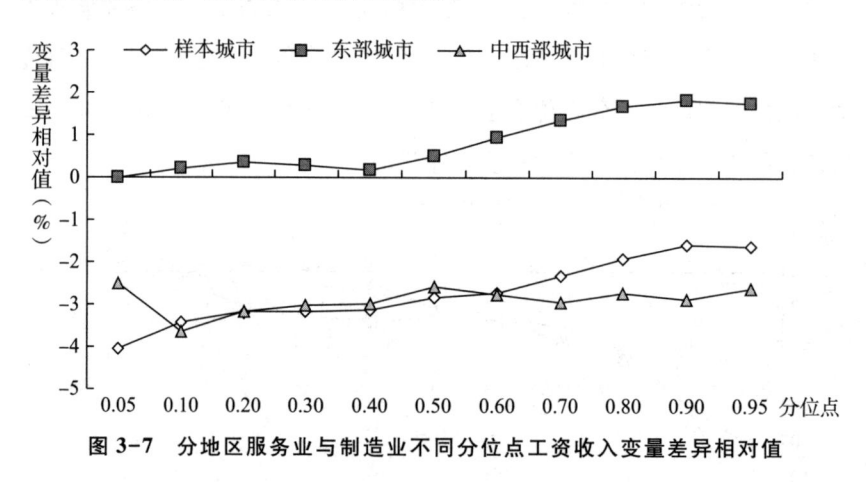

图3-7　分地区服务业与制造业不同分位点工资收入变量差异相对值

四　服务化转型升级进程对各地区收入分配的不同影响

进入服务化转型升级窗口的中国城市，内部产业结构转型升级对收入分配的影响与发达国家曾经的历史进程有着显著不同。发达国家转型升级得益于后工业化促成的人力资本比较优势重构、全球化引起的产业链国际分工,以及新兴产业推动的跨行业技术进步。先发优势保证了发达国家在城市转型升级过程中,以研发、销售、金融、保险、会计等行业为代表的服务业人力资本比较优势逐步确立。在符合比较优势的路径上,发达国家劳动力向服务业的流动与产业结构转型升级形成了良性互动,进而推动产业结构向高级化方向不断变迁,并推动城市内部平均收入持续增长。而处在转型窗口期的中国城市显然并不完全具备上述有利条件,后发劣势[①]甚至使得上述条件转化为当下中国经济转型升级无法回避的不利条件。这就要求对中国城市产业结构转型升级给收入分配带来的影响有准确掌握和判断。

前文已对本章开始的前三个问题进行了回答,并分别发现了服务业收入分化、平衡工资偏移量和产业间人力资本比较优势在不同地区城市内截然不同。最后需要回答的是:未来各地区如果都选择相似的服务化转型升级战略,将会对收入分配带来怎样的差异化影响?面对全球经济新趋势,基于本章所提出的产业结构转型升级"人力资本比较优势假说",借助对中国各地区产业人力资本比较优势测算的结果,本章认为,东部城市由于已进入服务业人力资本比较优势显现的新阶段,在此基础上推进的服务化产业结构转型升级战略虽然会扩大未来城市内部收入分配差距,但也会进一步推动城市平均工资水平提升;而中西部城市还普遍处在具有制造业人力资本比较优势的工业化阶段,若在此阶段强行推进服务化产业结构转型升级战略,不仅将造成城市内部收入分配差距拉大,甚至会严重拖累劳动者平均工资增长,从而陷入"产业结构转型升级陷阱"。

---

① 考虑到这个概念曾掀起过巨大争论(Sachs、胡永泰和杨小凯,2003;林毅夫,2003),这里在使用时,严格限定在人力资本、社会分工和技术创新的语义范畴之内。

第五节 本章小结

本章是继研究产业结构转型升级对就业的影响之后，聚焦该进程对收入分配影响而展开的首章研究。本章正文包含四节内容，撰写思路按"数据描述—产业间工资收入分布特征计算—转型升级下劳动力各构成要素影响收入分配的机制探析—转型升级背景下影响收入分配的核心成分差异分解"逻辑逐步展开。

第一节首先对《中国统计年鉴》数据和CHIP（2007）数据进行了介绍。其中，有关制造业收入增速放缓现象的研究基于《中国统计年鉴》数据，而有关服务业收入分化现象以及开篇提出问题的研究，则基于CHIP数据。主要有如下发现：（1）第二产业中的采矿业以及电力、热力、燃气及水生产和供应业这两个细分行业中，中国城市已出现较为明显的制造业收入增速放缓现象；（2）与东部城市服务业劳动生产率普遍高于制造业的整体情况不同，中西部城市今天仍陷于发展中国家普遍面临的产业结构演进无效率通道当中；（3）中西部城市与东部城市相比，劳动力经验更丰富，但也潜藏着地区劳动力年龄结构老化的危机。而劳动力年龄结构的老化，将使得中西部城市未来面临更大的产业结构转型升级压力；（4）从平均受教育时间在不同地区产业内呈现的结构错位现象出发，本章发现了不同地区产业间流动人口占比的巨大差异。流动人口占比高对于东部城市制造业而言，将使其面临更大的产业结构转型升级压力。

第二节借助分位数分布和基尼系数测算对东部城市和中西部城市制造业与服务业工资收入的分布特征进行了描述。通过分位数分布研究，能够形成服务业比较制造业收入分配差距拉大的直观印象；而基尼系数测算则更加精确地显示了服务业内部的收入分配差距与制造业相比正在拉大。主要发现有：（1）不管是在东部城市还是在中西部城市，服务业内部分化现象都开始显露。不过与发达国家后工业化产业结构转型升级时曾出现的服务业两极分化现象有所不同的是，中国城市服务业还只是在低收入端呈现出明显的贫困化现象；（2）综合来看，当社会发展向服务化转型时，FDI 对中国企业的技术溢出效应将不再明显，加之跨国公司自我服务的产业链模式，使得上述外部因素与中国相关不利因素交叉，构成了中国城市向全球城市或节点城市迈进的强大阻力，进而抑制了服务业高收入群体的扩张；（3）从不同地区产业内基尼系数比较来看，呈现出明显的交叉错位现象：制造业基尼系数方面，东部城市小于中西部城市但整体差异不大；服务业基尼系数方面，东部城市则大于中西部城市，且较为显著。对其背后原因的解释较多，但制造业 FDI 和服务业 FDI 在引起收入差距变动方面表现出的迥然差异应是不容忽视的重要因素之一。

  第三节内容可概括为两大部分，第一部分围绕分位数回归模型展开，包括计量模型的构建、计量模型的实证，以及拟合系数的评估；第二部分是在上述分位数回归建模评估基础上，对转型升级背景下劳动力构成要素影响收入分配的作用机制进行了探析。主要发现有：（1）部分劳动力构成要素，如健康状况、所有制属性和户籍状况，其分位数回归系数在两大部门中表现出一定的差异化特点。如健康状况的拟合系数说明，对于东部城市中间收入及以上的较高收入群体而言，制造业部门相对规范的作息制度和福利体系，有助于减少身体状况对工资收入带来的影响，而服务业部门日趋拉长的工作时间和日渐强化的劳动强度，使得健康状况对工资收入的影响更加显著；（2）在前述拟合参数基础上，借助基尼系数的数学推导，发现对制造业要素回报率大于服务业要素回报率的特定收入人群而言，城市产业结构转型升级将弱化由该要素造成的社会收入分配差距。以所有制特征在服务型经济趋势下给未来城市收入分配带来的影响为例，当城市劳动人口开始向服务业集中时，由所有制特征造成的社会收入分配差距将随着劳动人口产业分布变动而有所减少；（3）而对制造业要素回报率小于服务业的特定收入人群而言，在城市产业结构转型升级过程中，由该要素造成的收入分配差距究竟朝何种方向变化，将取决于产业结构转型升级之前，该要素在服务业中引起的实际工资偏移量与"平衡工资偏移量"的比较。

第四节借助前沿的反事实分解方法和计算机编程方法，将转型升级背景下影响收入分配的因素分解为产业间回报差异和变量差异两部分。在此基础上，通过建模和实证，得出如下结论：(1)基于部门间工资总差异比较，进一步证实了中国转型升级过程中服务业收入分化现象的存在。而通过东部城市与中西部城市间的对比，可以推测如果中国产业结构转型升级进程能够有效推进，将会有助于缩小中低收入阶层服务业劳动者与制造业劳动者间的平均工资差距；(2)产业间工资总差异中，可以由人力资本比较优势得以解释的"变量差异"，在中国不同地区间呈现迥然分化。其中，东部城市服务业人力资本水平已然全面超越制造业，而中西部城市制造业仍然具有明显优势。在第四节最后部分，本书基于工资差异反事实分解计算结果，对服务化转型升级战略将给各地区收入分配带来的不同影响进行了探讨。本章认为：东部城市由于已来到服务业人力资本比较优势显现的新阶段，在此基础上推进的服务化产业结构转型升级战略，在扩大未来城市内部收入分配差距同时，也将进一步推动城市平均工资水平提升；而中西部城市由于还普遍处在具有制造业人力资本比较优势的工业化阶段，若在此阶段强行推进服务化产业结构转型升级战略，不仅将造成城市内部收入分配差距拉大，甚至会严重拖累劳动者平均工资增长，从而陷入"产业结构转型升级陷阱"。

通过上述研究，虽然能够得到产业结构转型升级对于收入分配影响的一般结论。然而，相关研究还只是基于 CHIP（2007）开展的静态研究。那么，引入 CHIP 连续数据后开展的动态研究，又能否支撑上述结论，或者还能否取得新的进展？第四章将围绕这些问题展开研究。

附　录

本章正文已对所有制特点和职业状况，在各分位点下分地区、分产业的回报差异进行了描述。这里，将补充对受教育程度、工作经验、性别、健康状况和户籍状况，在各分位点下分地区、分产业回报差异的描述。感兴趣读者，可参照式（3-11）和式（3-12），在相关假定下，自行推算劳动力相关构成要素对未来城市收入分配缺口的影响。

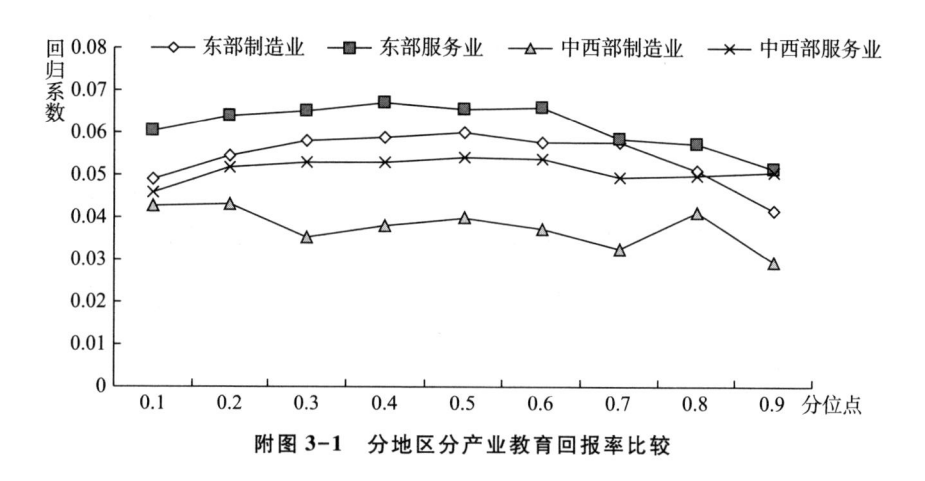

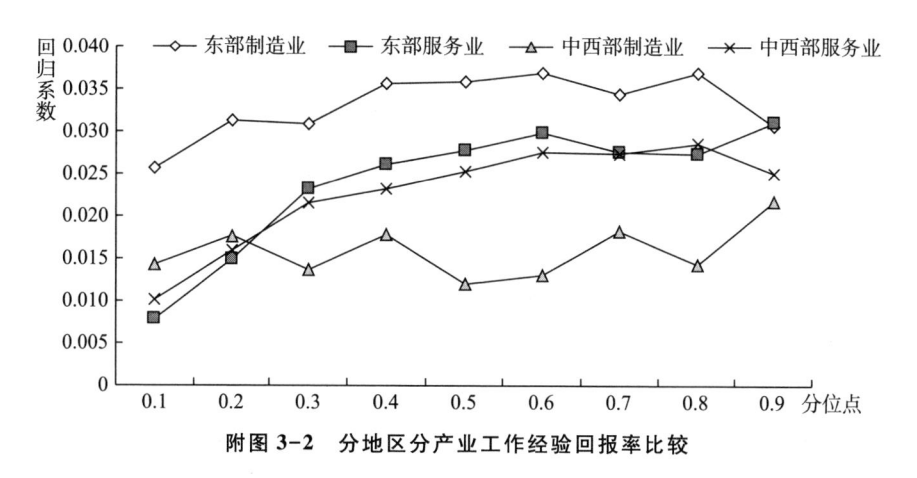

附图 3-1　分地区分产业教育回报率比较

附图 3-2　分地区分产业工作经验回报率比较

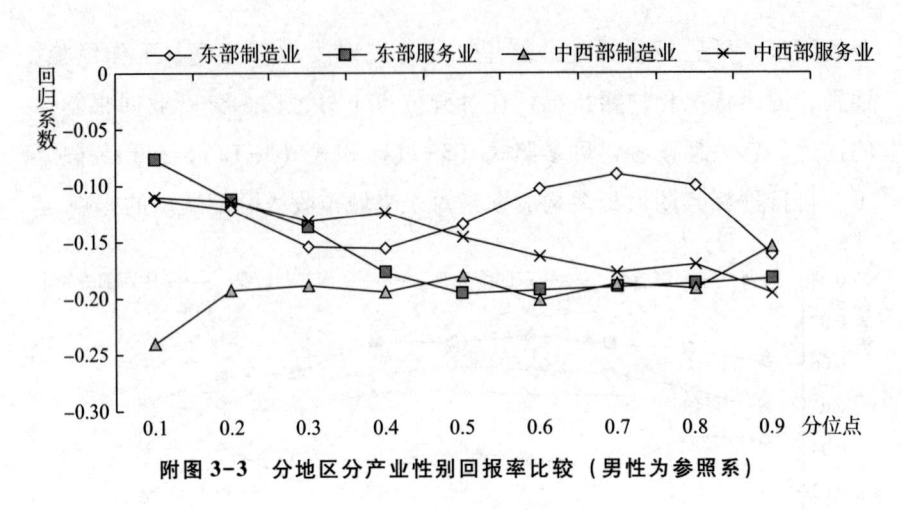

附图 3-3 分地区分产业性别回报率比较（男性为参照系）

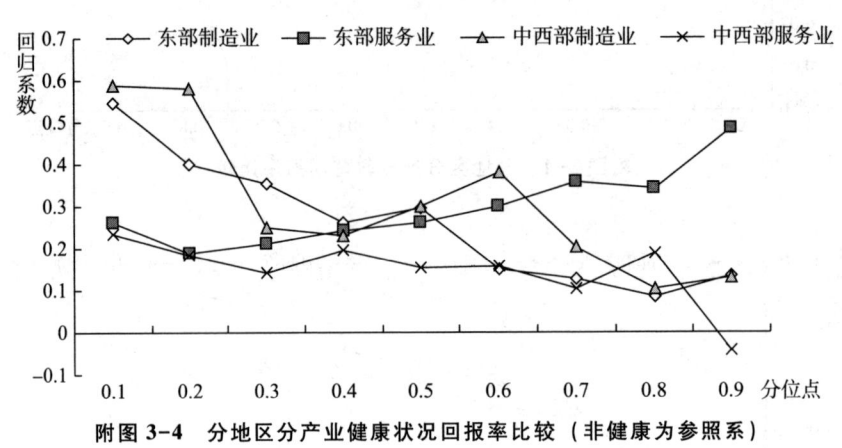

附图 3-4 分地区分产业健康状况回报率比较（非健康为参照系）

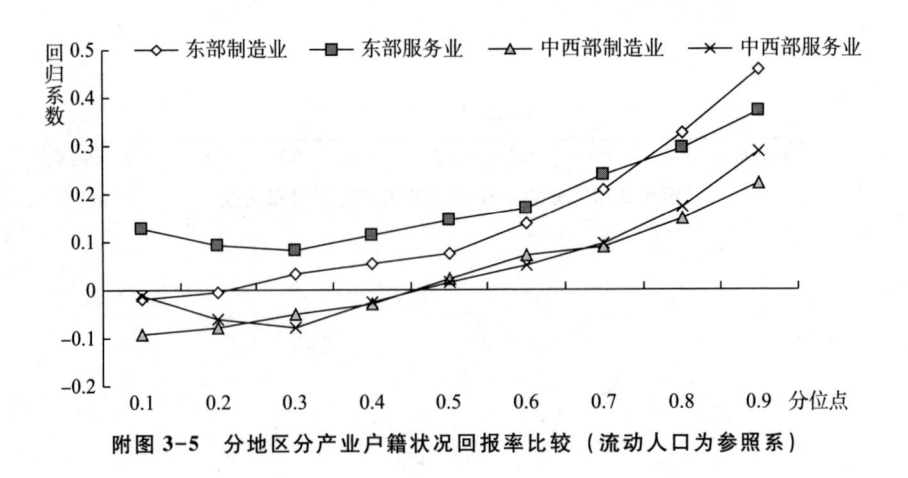

附图 3-5 分地区分产业户籍状况回报率比较（流动人口为参照系）

第四章　产业结构转型升级对收入分配的动态影响

第四章是第三章内容的进一步延伸，是第三章产业结构转型升级对收入分配的静态影响研究之后，关于"动态条件下产业结构转型升级对收入分配影响"的新扩展。回顾上一章内容，先后发现了"服务业工资收入分化""平衡工资偏移量""产业间人力资本比较优势在不同地区城市迥然不同"等现象。那么，如果基于连续CHIP数据，又能否在地区比较研究基础上，深化对如下问题的研究：首先，服务业比较制造业表现出的工资收入两极分化现象，正在呈现怎样的地区变化趋势？其次，各地区产业内整体回报差异和人力资本差异，随着时间推移已呈现怎样的演变趋势？最后，各地区产业间行业回报差异和人力资本差异，随着时间推移又呈现怎样的变动趋势？本章内容将对上述问题，做出回答。

第一节　动态条件下收入分配的变化趋势

本章使用来自中国家庭入户调查［CHIP（2008）、CHIP（2007）］连续两年的追踪数据，形成面板数据，开展动态分析。在此基础上，通过工资收入分位数的连续比较，可以发现第三章中定义的服务业收入两极分化现象，在东部地区有弱化迹象，而在中西部地区趋势尚不明朗。此外，以基尼系数为基础更为精确的计算也进一步证实了：服务业收入

产业结构转型升级：如何影响就业结构和收入分配

分化现象在 2007~2008 年，东部地区表现出显著的弱化趋势，而中西部地区则表现出微弱的强化趋势。需要指出的是，以 CHIP（2007）、CHIP（2008）数据为基础，基于收入分位数和基尼系数所得上述结论，有可能受到 2008 年金融危机的明显干扰。因此，待新一轮 CHIP 调查结束之后，在最新数据基础上得出的研究结论，可能更为谨慎。

一 CHIP 连续数据描述

（一）CHIP 连续数据用于本研究的局限

迄今为止，大型中国家庭入户调查项目（CHIP），主要启动了四次。这四次调查选取的截面时间，分别是 1988 年、1995 年、2002 年和 2007 年。在此之外，CHIP 还启动过两次中间调查。第一次是在 20 世纪 90 年代末期，为了对当时中国城市严重的失业问题及时跟进，启动了一轮针对城市住户的调查，即 CHIP（1999）；第二次是在 2008 年，是作为大型 RUMiC（中国农村-城镇移民）调查项目组成部分而启动的调查，即 CHIP（2008）。CHIP 项目中主要的四轮调查，因其时代热点差异，加之项目本身的不断完善，在调查地区、样本容量、调查方式、问卷结构等方面，均有明显不同。但是，CHIP（2008）调查包含的 8000 个农村家庭、5000 个城镇家庭和 5000 个流动人口家庭，与 CHIP（2007）第二部分数据[①]，在调查地区、样本容量、调查方式、问卷结构等方面近乎一致，因此这两轮调查可以形成有效的面板数据。

具体到本章关于转型升级对收入分配影响的研究中，CHIP（1988）、CHIP（1995）、CHIP（2002）、CHIP（2007）这四轮主要调查，不宜直接作为面板数据进行研究。原因主要表现在如下方面。

首先，调查地区不同。CHIP（2007）第二部分（即基于课题组自行设计的调查问卷获得的数据），其中城镇人口调查和流动人口调查选择的东部地区代表省份，均为上海、广东（广州、深圳、东莞）、江苏

[①] 对 CHIP（2007）的介绍，可以回顾本书第三章第 1 节。

（南京、无锡）、浙江（杭州、宁波）4省份；而选择的中西部地区代表省份有湖北（武汉）、安徽（合肥、蚌埠）、河南（郑州、洛阳）、重庆、四川（成都）5省份。

CHIP（2002）城镇人口调查和流动人口调查本身就有所不同。其中城镇人口调查涉及的东部地区代表省份分别为北京、广东、江苏、辽宁，中西部地区代表省份分别为湖北、安徽、河南、山西、重庆、四川、甘肃、云南；而流动人口调查涉及的东部地区代表省份分别为北京、福建、广东、河北、黑龙江、海南、江苏、吉林、辽宁、山东、上海、天津、浙江，中西部地区代表省份分别为安徽、甘肃、广西、贵州、河南、湖北、湖南、内蒙古、江西、宁夏、青海、陕西、山西、四川、新疆、云南。

CHIP（1995）则未对流动人口展开独立调查，只包括城镇人口调查和农村人口调查两部分。其中城镇人口调查涉及的东部地区代表省份分别为北京、广东、江苏、辽宁，中西部地区代表省份分别为湖北、安徽、河南、山西、四川、甘肃、云南。CHIP（1988）亦未对流动人口展开独立调查，只包括城镇人口调查和农村人口调查两部分。其中城镇人口调查涉及的东部地区代表省份为北京、广东、江苏、辽宁，中西部地区代表省份为湖北、安徽、河南、山西、甘肃、云南。

其次，样本容量不同。CHIP（1988）进行的城镇和农村调查，共涵盖9009个城市住户（31827个家庭成员）、10258个农村住户（51352个家庭成员）；CHIP（1995）的城镇和农村调查，则涵盖6868个城市住户（21533个家庭成员）、7998个农村住户（34739个家庭成员）。CHIP（2002）关于城镇、农村、流动人口收入和就业信息的调查，分别涵盖20632、37969、5327个家庭成员。CHIP（2007）的数据来源可划分为两大部分，第一部分直接由国家统计局（NBS）提供，共包含13000个农村家庭和10000个城镇家庭的收入等信息，第二部分则由CHIP课题组设计调查问卷并委托相关机构执行调查，共包含8000个农村家庭、5000个城镇家庭和5000个流动家庭。此外，CHIP（2008）样本容量完全与 CHIP（2007）第二部分一致。

再次，调查方式不同。1988~2007年启动的四轮主要调查的城镇人口调查部分调查方式比较一致，即由 CHIP 课题组设计调查问卷并实施过程监督，国家统计局执行具体调查。调查方式的不同，主要体现在流动人口调查部分。2002年启动的 CHIP（2002）调查，第一次将流动人口调查列为项目的重要组成部分。但是在调查方式上，针对流动人口群体，CHIP（2002）是由课题组设计调查问卷并负责监督，由国家统计局负责执行；而 CHIP（2007）则是由课题组设计调查问卷并负责监督，然后由课题组直接委托调查公司负责执行。CHIP（2008）的调查方式与 CHIP（2007）完全一致。

最后，问卷结构不同。以四轮主要调查为例，CHIP（1988）是在中国首次采用国际通用的标准和统计方法开展的收入分配微观抽样调查，城镇问卷结构包含社会经济特征、职业收入、家庭额外收入、家庭居住条件、家庭支出五个方面。CHIP（1995）主要调查目的，是反映中国经济改革和经济发展过程中收入分配格局的变化，城镇问卷结构涉及个人的社会经济特征、个人全年现期收入、1990~1994年个人收入情况、住户资产与债务、1995年住户消费支出情况、居住条件等。CHIP（2002）主要调查目的是估计中国城乡地区个人及相关经济指标的分布情况，由于2002年城市个人收入组成形式与1988年相比发生了重大变化，这种变化也深刻体现在城镇问卷结构当中。CHIP（2007）启动的调查开始重点关注中国收入差距变动特征，统计指标的设计深刻反映了这一时期收入分配的特点。

（二）本研究对于 CHIP 连续数据的选取

综上所述，CHIP 对流动人口的样本调查正式启动于 CHIP（2002）[在中间启动的 CHIP（1999）调查中，已将流动户纳入城市住户收入调查当中，但那次调查涉及的流动样本只涵盖799个住户1644个成员，加之未能真正成为独立调查样本，因此这里将 CHIP（2002）作为 CHIP 系列调查中有关流动人口调查的正式启动标志]。参照第三章内容，如果将城镇人口调查和流动人口调查合并,作为产业结构转型升级对城市收入分配影响研究的面板数据,那么 CHIP 启动的四轮主要调查是不合适的。

退一步说,如果仅选取四轮主要调查中的城镇连续数据作为面板数据,虽然可以形成面板,但这种选择也是有明显缺陷的。2012 年中国流动人口已达 2.36 亿[1],全国流动人口与城镇人口比已经接近 2.4∶7.0,因此忽视流动人口开展产业结构转型升级对收入分配影响的研究是不合理的。另外,如果仅仅选取 CHIP(2002)、CHIP(2007)中城镇人口调查和流动人口调查的合并数据作为本研究的面板数据依然存在明显缺陷。因为 CHIP(2002)、CHIP(2007)这两轮调查在调查地区和样本容量方面存在显著差异,加之流动人口调查实施主体发生变化,有可能带来数据偏差。

综上所述,本研究最终选取 CHIP(2007)、CHIP(2008)形成的面板数据作为样本数据,以期反映近年来城市产业结构转型升级背景下,收入分配格局演变的动态趋势。这种面板数据选取方案的好处是,由于两轮调查的调查地区、样本容量、调查方式、问卷结构等较为一致,因此可以保证前后数据的一致性。但也不能回避该方案的缺陷,即样本年份少以及样本间隔短,不能够充分反映转型升级给城市收入分配带来的趋势影响,且容易受到特定年份宏观调控带来的冲击(2008 年全球金融危机叠加中国宏观调控,有可能给当年服务业与制造业间的长期工资趋势造成冲击)。

最后,需要指出的是,CHIP(2008)数据本身也有瑕疵。按照北京师范大学中国收入分配研究院官方网站[2]已公开的 CHIP 调查口径,2008 年启动的 CHIP 调查,其流动人口数据由两部分组成,分为流动人口新住户调查和流动人口老住户调查,瑕疵出现在流动人口老住户调查部分。该部分共涵盖调查记录 3921 条,但教育年限录入数据大于 1 年

---

[1] 数据来源:《中国流动人口发展报告 2013》。
[2] http://www.ciidbnu.org/chip/chips.asp?year=2008.

的仅有 206 条。比较流动人口新住户调查，这部分共涵盖调查记录 5426 条，其中教育年限录入数据大于 1 年的达 4678 条。由此说明，流动人口老住户调查当中，教育年限数据大规模缺失，在前期调查时、后期录入时或对外公布时有可能出现人为错误。由于教育数据是本研究工资收入-人力资本决定方程（Mincer1973 方程）不可或缺的关键变量，本章关于 CHIP（2008）数据的选取，只能部分选择流动人口新住户作为流动人口代表。

（三）CHIP 连续数据相关变量均值特征比较

表 4-1 对 CHIP（2008）城市劳动力数据特征进行了报告，并与 CHIP（2007）数据进行了比较。数据显示，CHIP（2008）共包含有效样本 11518 个，其中东部城市包括上海、广东、江苏、浙江 4 省份的 8 个城市，共计 6011 个有效样本，中西部城市包括湖北、安徽、河南、重庆、四川 5 省份的 7 个城市，共计 5507 个有效样本。与 CHIP（2007）相比较，数据特征发生的变化，主要体现在以下方面。

首先是平均小时工资。东部城市服务业平均小时工资仍然高于制造业，且中西部城市和样本城市服务业仍然低于制造业。但东部城市服务业对制造业的平均小时工资溢价由 2007 年的 3.37% 增加到 4.43%，而中西部城市服务业对制造业平均小时工资折价则由 -3.03% 变为 -2.02%。需要说明的是，这里对 2008 年各地区产业间平均小时工资的报告，已在 CHIP（2008）数据计算基础上，按照 2008 年各个省份城市居民消费价格指数进行了平减处理，从而使其与 CHIP（2007）数据可比。2008 年相关省份城市居民消费价格指数（上年 = 100）分别为：上海 105.8、江苏 105.2、浙江 104.8、安徽 106、河南 106.5、湖北 105.5、广东 105.5、重庆 105.6、四川 104.7。[①]

其次是平均工作经验。东部地区城市劳动力平均工作经验仍然显著少于中西部城市；而与此同时，各地区各产业的平均工作经验数值则显

---

① 数据来源：《中国统计年鉴 2009》。

著增加。具体而言，东部城市（中西部城市）服务业、制造业劳动人口平均工作经验，分别上升了3.83年、3.39年（3.46年、4.10年）。在CHIP调查具有稳定性的假设下，本书认为造成剧烈上升的原因，是2008年金融危机冲击下引致的流动人口大规模提前返乡现象。国家人口计生委流动人口管理服务司（2009）的调查显示，截至2008年12月20日，全国范围内提前返乡流动人口总数达到1361.8万人，大约占外出务工人员总量的9%，其中83.8%的返乡人口是介于20岁和44岁之间的青壮年人口。此外，15~19岁的青少年人口也占到了返乡总人口的5.7%。上述两部分相加，占返乡总人口89.5%。人口年龄结构的变化，给城市劳动力的平均工作经验指标带来了显著影响。

再次是平均受教育时间。除了在制造业和非农总体中东部劳动人口平均受教育时间小于中西部外，对于2008年服务业中劳动人口平均受教育时间，东部也开始落后于中西部。排除中部地区人力资本高地优势得以保持的影响（可回顾第三章），对上述现象的解释仍然要回到CHIP（2008）数据特征当中。基于CHIP调查数据的计算发现，东部地区服务业中的城镇人口和流动人口，其平均受教育时间分别为12.40岁、8.98岁；而中西部地区服务业中的城镇人口和流动人口，其平均受教育时间则分别为12.29岁、9.30岁。数据说明，东部城市服务业中，流动人口与城镇人口平均受教育时间之间的组别差异要大于中西部城市。

据此可进一步推知，服务业更为发达的地区，社会分工引起的人力资本两极分化趋势将更为明显。本书从经济学层面亦曾指出，随着服务经济不断发展，服务业内部出现的迥然差异应主要归因于人力资本在两类行业中积累方式的区别。第一类服务性行业倾向于人力资本质量型内部积累，第二类服务性行业则倾向于人力资本规模型外部积累。虽然城镇-流动人口组别无法与上述两组服务性行业构成直接对应关系，但是考虑到流动人口主要进入第二类服务行业中，而第一类服务行业吸纳的主要还是城镇人口，可以在两者之间建立近似对应关系。由于教育是人力资本的重要来源之一，上述各地区服务经济发展差异与当地服务业内部教育分化呈现出的联系，与前述理论分析结论一致。

表 4-1　2007/2008 年分地区分产业城市劳动力数据特征

分类		东部城市		中西部城市		样本城市	
		2008 年	2007 年	2008 年	2007 年	2008 年	2007 年
样本量（个）	制造业	1821	2242	1345	1610	3166	3852
	服务业	4190	4802	4162	4909	8352	9711
	非农总体	6011	7044	5507	6519	11518	13563
小时工资均值（元/小时）	制造业	14.45	13.35	9.88	9.25	12.50	11.65
	服务业	15.09	13.80	9.68	8.97	12.28	11.37
	非农总体	14.90	13.66	9.72	9.04	12.34	11.45
平均受教育时间（年）	制造业	10.52	10.23	10.82	10.52	10.65	10.35
	服务业	11.05	10.62	11.21	10.58	11.13	10.60
	非农总体	10.89	10.50	11.12	10.57	11.00	10.53
平均工作经验（年）	制造业	12.38	8.99	15.42	11.32	13.69	9.98
	服务业	11.64	7.81	11.86	8.40	11.76	8.11
	非农总体	11.86	8.18	12.68	9.12	12.27	8.64

二　收入分配变动趋势描述

（一）不同收入分位数下的服务业收入两极分化

在 CHIP（2007）、CHIP（2008）数据基础上得到的动态条件下东部地区和中西部地区城市内部 2007 年和 2008 年产业间小时工资分位数比较结果，分别如图 4-1、图 4-2 所示。在图中，不管是对东部地区还是对中西部地区而言，城市服务业收入分化的直观印象仍然突出。但是在服务业收入的两端，东部城市与中西部城市间则表现出略有差异的动态变化趋势。

具体而言，对于东部城市，图 4-1 显示，2008 年与 2007 年相比，其低收入端的服务业贫困化现象呈现明显的收缩趋势。产业间小时工资盈亏平衡点已由 2007 年的大约 0.64 分位点，下降到 2008 年的大约

0.38分位点。这说明，虽然经历2008年全球金融危机的剧烈冲击，但是对东部城市中低收入群体而言，服务业工资报酬增长速度仍显著快于制造业（随后将会看到，该地区当年制造业中的低收入群体，其工资收入经历了显著的"制造业收入增速放缓"过程）。

对中西部城市而言，图4-2显示，2008年与2007年相比，城市内部低收入端服务业贫困化现象，并未呈现确定的变动趋势，服务业贫困化现象仍然十分突出。同时，在0.75分位点以上所代表的高收入群体中，中西部地区服务业工资收入开始显著超越制造业（随后在工资增长率部分的描述中将会看到，该现象的出现，并不是来源于地区内服务业工资增速显著增加，而是来源于地区内制造业工资增速急速下滑）。

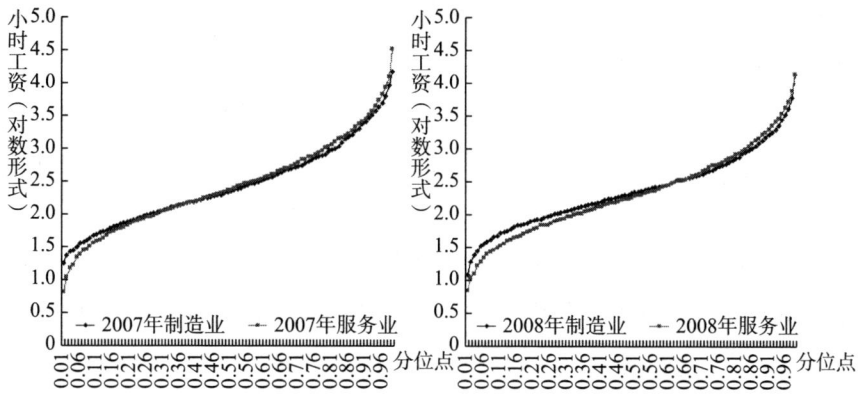

图4-1　东部城市2007/2008年产业间小时工资分位数比较

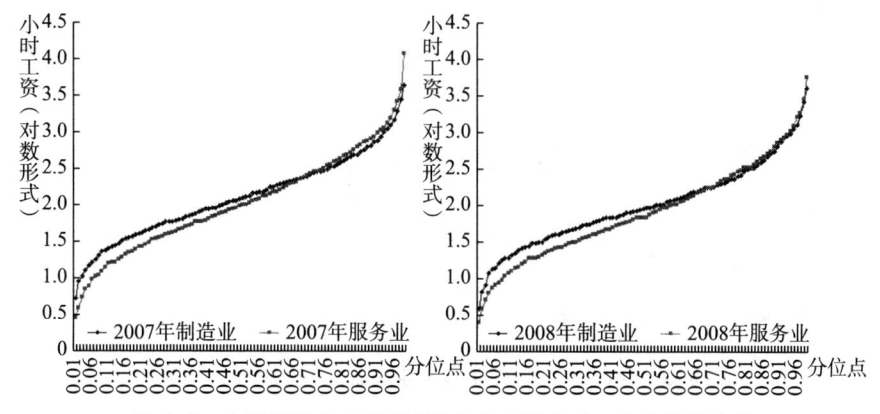

图4-2　中西部城市2007/2008年产业间小时工资分位数比较

(二) 不同收入分位数下的制造业收入增速放缓

依然以 CHIP（2007）、CHIP（2008）数据为基础，在动态条件下得到的东部地区和中西部地区城市内部 2008 年服务业与制造业工资收入增速计算结果，分别如图 4-3、图 4-4 所示。从图中可以得到如下重要信息。

首先，东部城市制造业低收入群体工资收入增速放缓。图 4-3 显示，以 CHIP（2007）、CHIP（2008）面板数据计算得到的 2008 年东部地区城市内部产业间工资收入增速（不考虑两端极值情况下），在大约 0.25 分位点以下所代表的低收入群体中，制造业经历了显著的负增长。这说明制造业收入增速放缓现象在 2008 年已在东部地区开始出现。需要指出的是，该结论即使在考虑到 2008 年全球金融危机给东部沿海地区制造业带来强烈冲击的情况下也应当是可靠的。回到图 4-3，在大约 0.25 分位点以上部分所代表的中低、中高、高工资收入制造业群体中，制造业工资增速在经历 0.25~0.5 分位点零基准小幅波动之后，自 0.5 分位点开始不断攀升。这说明虽然外部冲击给这部分群体工资增速带来显著负面影响，但并未改变工资增加的正向趋势。因此，在 0.25 分位点以下制造业低收入群体中经历的工资负增长，除了受外部冲击影响外，内在的制造业收入增速放缓趋势也是重要因素。

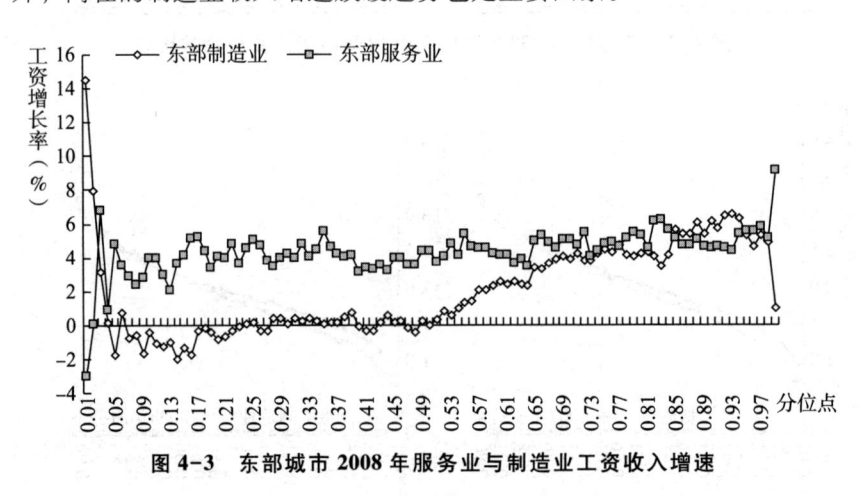

图 4-3 东部城市 2008 年服务业与制造业工资收入增速

其次，中西部城市制造业高收入群体工资收入增速放缓。与图 4-3 形成鲜明对比的是，图 4-4 显示，依然以 CHIP（2007）、CHIP（2008）面板数据计算得到的 2008 年中西部地区城市内部产业间工资收入增速（不考虑两端极值情况下），在大约 0.75 分位点以上所代表的高收入群体中，制造业工资增速经历了急速下滑。而与此同时，对中西部地区而言，低（0.25 分位点以下）、中低（0.25~0.5 分位点）、中高（0.5~0.75 分位点）收入制造业群体的工资增速数值为正且表现平稳。

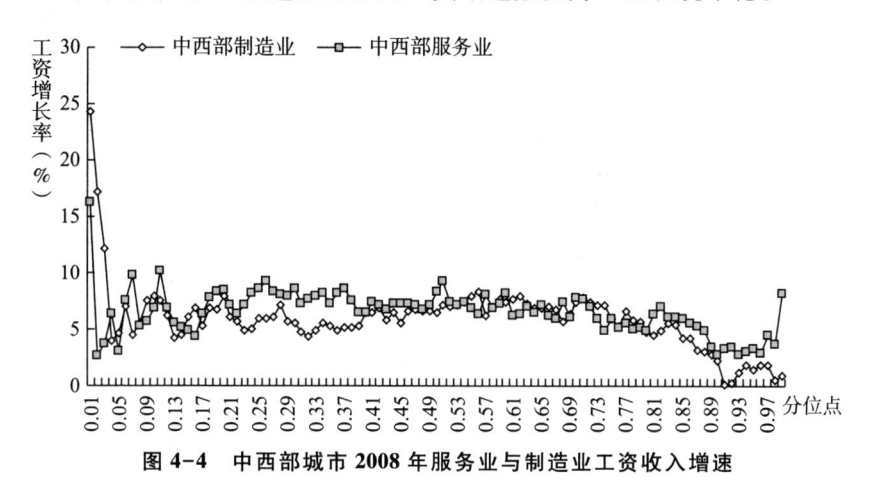

图 4-4　中西部城市 2008 年服务业与制造业工资收入增速

（三）工资收入基尼系数

在产业间工资收入分位数比较基础上，为了对 2007~2008 年不同地区产业间收入分配差距给出更为精准的刻画，这里比照第三章的做法，对产业间工资收入基尼系数进行了测算。对这里所采用的基尼系数计算方法不再进行详细推导，具体过程可回顾第三章，仅列出计算公式如下：

$$G = \frac{S_A}{S_{A+B}} = \frac{S_{A+B} - S_B}{S_{A+B}} = \frac{\frac{1}{2} - \sum_{i=1}^{n} \frac{1}{2} \cdot (w_i + w_{i-1})(p_i - p_{i-1})}{\frac{1}{2}}$$

$$= 1 - \frac{1}{n} \cdot \sum_{i=1}^{n}(w_i + w_{i-1}) \tag{4-1}$$

其中，S_{A+B} 表示由绝对公平线和右下边框围成的面积，S_A 表示由洛伦兹曲线和绝对公平线围成的面积，S_B 表示由洛伦兹曲线和右下边框围成的面积。w_i 表示将劳动人口按照工资收入由低到高排列后，累积到第 i 个个体总收入占全体劳动人口总收入的比重，p_i 表示累积到第 i 个个体人口数占全体劳动人口总数的比重。依据式（4-1），利用 Excel 分别对各地区制造业、服务业经处理后的劳动者工资收入数据按照小时工资由小到大排列，在此基础上计算得到的东部城市与中西部城市产业间劳动人口工资收入基尼系数，如表 4-2 所示。

表 4-2　2007/2008 分地区分产业劳动人口工资收入基尼系数

	制造业		服务业		非农总体	
	2008 年	2007 年	2008 年	2007 年	2008 年	2007 年
东部城市	0.410	0.361	0.454	0.421	0.441	0.403
中西部城市	0.358	0.362	0.439	0.410	0.421	0.399
样本城市	0.401	0.374	0.459	0.430	0.444	0.415

整体来看，不管是在东部城市还是在中西部城市，以 CHIP（2008）数据计算得到的制造业和服务业基尼系数与以 CHIP（2007）数据计算结果相比，整体处于不断扩大的趋势当中（中西部城市制造业除外）。除此之外，本书还得到如下重要信息。

首先，服务业收入两极分化现象依然突出。数据显示，2008 年东部城市、中西部城市、样本城市中，服务业劳动人口工资收入基尼系数比制造业分别高出 0.044、0.081、0.058。其中东部城市服务业中的工资分化现象最为明显，对应基尼系数达到 0.454。服务业基尼系数的高企，拉动 2008 年以非农总体数据计算的东部城市、中西部城市整体工资收入基尼系数分别攀升至 0.441、0.421。服务业收入分化，加之 2008 年东部城市制造业基尼系数突然恶化，使得 2007～2008 年东部城市对中西部城市的收入分配差距缺口进一步放大。

其次，制造业收入增速放缓影响差异明显。前文发现的 2008 年制造业收入增速放缓现象，在东部地区主要影响低收入群体工资收入增长。这种结构性增长差异，使得东部城市制造业工资收入基尼系数在 2008 年急速上升，并最终由 2007 年的 0.361 迅速恶化到 2008 年的 0.410。而在中西部地区，由于 2008 年制造业收入增速放缓现象主要影响到高收入群体工资收入增长，这种结构性增长差异，则使得中西部城市制造业基尼系数在 2008 年呈现温和下降，由 2007 年的 0.362 微弱回调至 2008 年的 0.358。

第二节 工资收入分位数回归模型的构建与实证

该节内容是本章第 3、第 4 节内容的准备部分。回顾前述第三章内容的有关部分可以发现，在 MM2005 方法下，对任意两组相关数据进行的反事实分解，都需要以两组数据分位数回归结果为基础。因此，在进入第 3 节内容产业内跨期演变分析和第 4 节内容产业间动态比较分析之前，本节首先对基于 CHIP 数据的工资收入分位数回归模型进行构建与实证。

一 分位数回归模型的构建

（一）分位数回归模型简要说明

本章工资收入分位数回归模型的构建，仍然建立在 Mincer1973 工资收入-人力资本决定方程基础上：

$$\ln(wage)_i = \beta_{i0} + \beta_{i1} \cdot edu_i + \beta_{i2} \cdot exp_i + \beta_{i3} \cdot squ_i + X'_i \cdot \alpha_i \quad (4-2)$$

基于 Koenker 和 Bassett 的思想，本章中的工资收入分位数回归模型可进一步表示为：

$$Q_q[\ln(wage)_i \mid X_i] = \beta_0(q) + \beta_1(q) \cdot edu_i + \beta_2(q) \cdot exp_i + \beta_3(q) \cdot squ_i + \sum \beta_j(q) \cdot Z_i + \varepsilon_i(q) \quad (4-3)$$

上式中，Z_i 代表研究工资收入时需引入的一系列控制变量，

$\sum \beta_j(q) \cdot Z_i$ 可进一步展开为：

$$\sum \beta_j(q) \cdot Z_i = \beta_4(q) \cdot sex_i + \beta_5(q) \cdot well_i + \beta_6(q) \cdot high_i +$$
$$\beta_7(q) \cdot public_i + \beta_8(q) \cdot register_i \qquad (4-4)$$

式（4-2）、式（4-3）和式（4-4）中，edu 代表受教育程度，exp 代表潜在工作经验，squ 代表潜在工作经验的平方，sex 代表性别（虚拟变量，男性=0），$well$ 代表健康状况（虚拟状况，身体不适=0），$high$ 代表职业状况（虚拟变量，普通职业=0），$public$ 代表所有制属性（虚拟变量，非公有制=0），$register$ 代表户籍状况（虚拟变量，流动人口=0）。

（二）分位数回归模型具体构建

由于本研究将 CHIP（2007）、CHIP（2008）调查结果列为面板数据，加之动态条件下转型升级对收入分配的影响是在地区比较的视角下，以服务业与制造业两大产业间工资收入变动趋势进行刻画的，因此根据研究的目的，具体需要构建如下 8 个工资收入分位数回归模型。

2008 年东部城市制造业工资收入分位数回归模型：

$$Q_q[\ln(wage)_i \mid X_i]_{2008}^{EM} = \beta_0(q)_{2008}^{EM} + \beta_1(q)_{2008}^{EM} \cdot edu_{i \cdot 2008}^{EM} + \beta_2(q)_{2008}^{EM} \cdot exp_{i \cdot 2008}^{EM} +$$
$$\beta_3(q)_{2008}^{EM} \cdot squ_{i \cdot 2008}^{EM} + \sum \beta_j(q)_{2008}^{EM} \cdot Z_{i \cdot 2008}^{EM} + \varepsilon_i(q)_{2008}^{EM}$$
$$(4-5)$$

2008 年东部城市服务业工资收入分位数回归模型：

$$Q_q[\ln(wage)_i \mid X_i]_{2008}^{ES} = \beta_0(q)_{2008}^{ES} + \beta_1(q)_{2008}^{ES} \cdot edu_{i \cdot 2008}^{ES} + \beta_2(q)_{2008}^{ES} \cdot exp_{i \cdot 2008}^{ES} +$$
$$\beta_3(q)_{2008}^{ES} \cdot squ_{i \cdot 2008}^{ES} + \sum \beta_j(q)_{2008}^{ES} \cdot Z_{i \cdot 2008}^{ES} + \varepsilon_i(q)_{2008}^{ES}$$
$$(4-6)$$

2008 年中西部城市制造业工资收入分位数回归模型：

$$Q_q[\ln(wage)_i \mid X_i]_{2008}^{CWM} = \beta_0(q)_{2008}^{CWM} + \beta_1(q)_{2008}^{CWM} \cdot edu_{i \cdot 2008}^{CWM} + \beta_2(q)_{2008}^{CWM} \cdot exp_{i \cdot 2008}^{CWM} +$$
$$\beta_3(q)_{2008}^{CWM} \cdot squ_{i \cdot 2008}^{CWM} + \sum \beta_j(q)_{2008}^{CWM} \cdot Z_{i \cdot 2008}^{CWM} + \varepsilon_i(q)_{2008}^{CWM}$$
$$(4-7)$$

第四章 产业结构转型升级对收入分配的动态影响

2008年中西部城市服务业工资收入分位数回归模型：

$$Q_q[\ln(wage)_i \mid X_i]_{2008}^{CWS} = \beta_0(q)_{2008}^{CWS} + \beta_1(q)_{2008}^{CWS} \cdot edu_{i,2008}^{CWS} + \beta_2(q)_{2008}^{CWS} \cdot exp_{i,2008}^{CWS} + \beta_3(q)_{2008}^{CWS} \cdot squ_{i,2008}^{CWS} + \sum \beta_j(q)_{2008}^{CWS} \cdot Z_{i,2008}^{CWS} + \varepsilon_i(q)_{2008}^{CWS}$$

(4-8)

2007年东部城市制造业工资收入分位数回归模型：

$$Q_q[\ln(wage)_i \mid X_i]_{2007}^{EM} = \beta_0(q)_{2007}^{EM} + \beta_1(q)_{2007}^{EM} \cdot edu_{i,2007}^{EM} + \beta_2(q)_{2007}^{EM} \cdot exp_{i,2007}^{EM} + \beta_3(q)_{2007}^{EM} \cdot squ_{i,2007}^{EM} + \sum \beta_j(q)_{2007}^{EM} \cdot Z_{i,2007}^{EM} + \varepsilon_i(q)_{2007}^{EM}$$

(4-9)

2007年东部城市服务业工资收入分位数回归模型：

$$Q_q[\ln(wage)_i \mid X_i]_{2007}^{ES} = \beta_0(q)_{2007}^{ES} + \beta_1(q)_{2007}^{ES} \cdot edu_{i,2007}^{ES} + \beta_2(q)_{2007}^{ES} \cdot exp_{i,2007}^{ES} + \beta_3(q)_{2007}^{ES} \cdot squ_{i,2007}^{ES} + \sum \beta_j(q)_{2007}^{ES} \cdot Z_{i,2007}^{ES} + \varepsilon_i(q)_{2007}^{ES}$$

(4-10)

2007年中西部城市制造业工资收入分位数回归模型：

$$Q_q[\ln(wage)_i \mid X_i]_{2007}^{CWM} = \beta_0(q)_{2007}^{CWM} + \beta_1(q)_{2007}^{CWM} \cdot edu_{i,2007}^{CWM} + \beta_2(q)_{2007}^{CWM} \cdot exp_{i,2007}^{CWM} + \beta_3(q)_{2007}^{CWM} \cdot squ_{i,2007}^{CWM} + \sum \beta_j(q)_{2007}^{CWM} \cdot Z_{i,2007}^{CWM} + \varepsilon_i(q)_{2007}^{CWM}$$

(4-11)

2007年中西部城市服务业工资收入分位数回归模型：

$$Q_q[\ln(wage)_i \mid X_i]_{2007}^{CWS} = \beta_0(q)_{2007}^{CWS} + \beta_1(q)_{2007}^{CWS} \cdot edu_{i,2007}^{CWS} + \beta_2(q)_{2007}^{CWS} \cdot exp_{i,2007}^{CWS} + \beta_3(q)_{2007}^{CWS} \cdot squ_{i,2007}^{CWS} + \sum \beta_j(q)_{2007}^{CWS} \cdot Z_{i,2007}^{CWS} + \varepsilon_i(q)_{2007}^{CWS}$$

(4-12)

二 分位数回归模型的实证

借助分位数回归方法，用整理后得到的 CHIP（2008）有效数据以及 CHIP（2007）有效数据，分别对式（4-5）~式（4-8），以及式（4-9）~式（4-12）进行回归，分别得到2008年和2007年东部城市制造业和服务业以及中西部城市制造业和服务业工资收入分位数回归结果。由于 2007 年回归结果已在前述第三章相关内容中得到体现，此处不再列出。表 4-3 报告了 2008 年东部城市制造业工资收入分位数回归结果（2008 年东部城市服务业、2008 年中西部城市制造业，以及 2008 年中西部城市服务业工资收入分位数回归结果的报告，请见本章附表 4-1）。表 4-3 显示，绝大部分变量均能较好地通过显著性检验，且方程拟合优度也较为理想，分位数回归结果可以用于本章第 3 节、第 4 节相关问题的处理。

第三节 产业内回报差异和变量差异的跨期演变

本节内容对产业内回报差异和变量差异跨期演变的测度，主要是基于第三章介绍的 MM2005 方法。目前中国已有多位学者借助该方法开展了收入分配方面的研究，如薛欣欣（2009）对转型时期所有制造成的工资差异进行了研究，陈建宝和段景辉（2009）对性别造成的中国工资差异进行了研究，郭震（2013）、阮素梅等（2014）则先后利用该方法对户籍与性别联合造成的中国工资差异进行了研究。此外，巫锡炜（2011）利用该方法对中国城镇收入差异和财产差异进行了考察；许启发等（2011）利用该方法对中国居民收入增长、分配公平与贫困减少的关系进行了定量研究；夏庆杰等（2012a）利用该方法对改革开放以来国有单位工资结构及就业规模变化的收入分配效应进行了考察。本节将利用 MM2005 方法对相关地区特定产业随着时间流逝在产业回报和人力资本两方面经历的跨期演变进行测度。

需要指出的是，借助 MM2005 方法对相关地区特定产业工资收入随时间变化的测度，为产业结构转型升级背景下对人力资本水平的定量研究提供了一种全新方法。很多学者曾借助年鉴数据和相关重要研究指标，在正面量化基础上对各地区人力资本水平进行过测算（如朱平芳和徐大丰，2007；张国强等，2011）。在量化指标统一性和统计数据可得

第四章　产业结构转型升级对收入分配的动态影响

表 4-3　东部城市制造业工资收入分位数回归结果（2008）

		tau=0.1	tau=0.2	tau=0.3	tau=0.4	tau=0.5	tau=0.6	tau=0.7	tau=0.8	tau=0.9
edu	系数估计值	0.053***	0.052***	0.055***	0.056***	0.062***	0.064***	0.061***	0.058***	0.055***
	t检验的P值	0.0000	0.0000	0.0000	0.0000	0.0000	0.0000	0.0000	0.0000	0.0000
exp	系数估计值	0.022***	0.022***	0.027***	0.030***	0.028***	0.031***	0.038***	0.043***	0.041***
	t检验的P值	0.0006	0.0000	0.0000	0.0000	0.0000	0.0000	0.0000	0.0000	0.0000
squ	系数估计值	0.000**	0.000***	-0.001***	-0.001***	0.000***	0.000***	-0.001***	-0.001***	-0.001***
	t检验的P值	0.0158	0.0034	0.0001	0.0000	0.0000	0.0000	0.0000	0.0000	0.0006
sex	系数估计值	-0.192***	-0.151***	-0.150***	-0.144***	-0.161***	-0.152***	-0.183***	-0.188***	-0.144***
	t检验的P值	0.0000	0.0000	0.0000	0.0000	0.0000	0.0000	0.0000	0.0000	0.0078
well	系数估计值	0.081	0.105**	0.099*	0.074	0.074	0.078	0.057	0.026	0.015
	t检验的P值	0.1969	0.0214	0.0568	0.1153	0.1144	0.1491	0.4019	0.6704	0.8496
high	系数估计值	0.249***	0.283***	0.266***	0.299***	0.316***	0.320***	0.349***	0.358***	0.376***
	t检验的P值	0.0000	0.0000	0.0000	0.0000	0.0000	0.0000	0.0000	0.0000	0.0000
public	系数估计值	0.126***	0.134***	0.137***	0.115***	0.114***	0.090**	0.052	0.053	-0.005
	t检验的P值	0.0015	0.0000	0.0000	0.0003	0.0003	0.0109	0.1556	0.1784	0.9353
register	系数估计值	0.032	0.030	0.055	0.053	0.091*	0.051	0.080	0.165**	0.313***
	t检验的P值	0.5500	0.5700	0.3016	0.2587	0.0698	0.4218	0.2537	0.0138	0.0012
Intercept	系数估计值	0.993***	1.128***	1.222***	1.341***	1.380***	1.465***	1.627***	1.780***	2.027***
	t检验的P值	0.0000	0.0000	0.0000	0.0000	0.0000	0.0000	0.0000	0.0000	0.0000

续表

	tau=0.1	tau=0.2	tau=0.3	tau=0.4	tau=0.5	tau=0.6	tau=0.7	tau=0.8	tau=0.9
拟合优度	0.158	0.179	0.191	0.204	0.223	0.236	0.250	0.266	0.260
调整的拟合优度	0.155	0.175	0.187	0.201	0.220	0.232	0.247	0.262	0.257

注：*** 表示在1%的置信水平下显著；** 表示在5%的置信水平下显著；* 表示在10%的置信水平下显著。

性方面的困难，使得对人力资本水平开展的正面量化研究经常受到质疑。MM2005方法可以将特定产业研究期间内的工资变动差异分解为产业内回报差异和变量差异。其中，变量差异是在将条件分布转换为非条件分布基础上，把基期工资收入决定模型中各要素回报参数迭代到现期模型后，计算出的纯人力资本水平变动对工资水平造成的影响。该方法的好处是，首先，工资收入决定模型经过不断发展和反复检验，在研究领域已基本取得共识（如Mincer1973工资收入-人力资本决定方程）；其次，中国工资数据可得性及客观性要明显优于存量资本、资本折旧等估算数据。

一 东部城市制造业、服务业各自内部的跨期演变

该部分先后用到MM2005反事实分解方法和R语言建模，对这两种方法的介绍不再展开，可回顾第三章相关内容。

（一）反事实分解模型构建

要考察2007~2008年东部城市制造业在产业结构升级过程中呈现的跨期演变特征，需要首先对东部城市制造业指定分位点的2007年平均工资、2008年平均工资，以及2007~2008年反事实平均工资进行模拟，模型如下。

东部城市制造业平均工资（2007）：

$$\hat{y}_q(07)^{EM} = \frac{1}{u^{EM}} \sum_{i=1}^{u^{EM}} [X'_i(07)^{EM}_{1 \times m} \cdot \hat{\beta}_q(07)^{EM}_{m \times 1}] \tag{4-13}$$

东部城市制造业平均工资（2008）：

$$\hat{y}_q(08)^{EM} = \frac{1}{v^{EM}} \sum_{i=1}^{v^{EM}} [X'_i(08)^{EM}_{1 \times m} \cdot \hat{\beta}_q(08)^{EM}_{m \times 1}] \tag{4-14}$$

东部城市制造业反事实平均工资（2007~2008）：

$$\hat{y}_q(*)^{EM} = [\hat{y}_q(08)^{EM} | \hat{\beta}_q(07)^{EM}] = \frac{1}{v^{EM}} \sum_{i=1}^{v^{EM}} [X'_i(08)^{EM}_{1 \times m} \cdot \hat{\beta}_q(07)^{EM}_{m \times 1}] \tag{4-15}$$

其中，u^{EM}、v^{EM}分别表示2007年、2008年东部城市制造业样本中的观察值个数；$X'_i(07)^{EM}$、$X'_i(08)^{EM}$分别表示2007年、2008年东部城市制造业样本中第i个观察值的解释变量矩阵；$\hat{\beta}_q(07)^{EM}$、$\hat{\beta}_q(08)^{EM}$分别表示2007年、2008年q分位点的东部城市制造业系数向量矩阵；m表示包含截距项在内的解释变量个数。

同样，要考察2007~2008年东部城市服务业在产业结构升级过程中呈现的跨期演变特征，需要首先对东部城市服务业指定分位点下的2007年平均工资、2008年平均工资，以及2007~2008年反事实平均工资进行模拟，模型如下。

东部城市服务业平均工资（2007）：

$$\hat{y}_q(07)^{ES} = \frac{1}{u^{ES}} \sum_{i=1}^{u^{ES}} [X'_i(07)^{ES}_{1 \times m} \cdot \hat{\beta}_q(07)^{ES}_{m \times 1}] \quad (4-16)$$

东部城市服务业平均工资（2008）：

$$\hat{y}_q(08)^{ES} = \frac{1}{v^{ES}} \sum_{i=1}^{v^{ES}} [X'_i(08)^{ES}_{1 \times m} \cdot \hat{\beta}_q(08)^{ES}_{m \times 1}] \quad (4-17)$$

东部城市服务业反事实平均工资（2007~2008）：

$$\hat{y}_q(*)^{ES} = [\hat{y}_q(08)^{ES} | \hat{\beta}_q(07)^{ES}] = \frac{1}{v^{ES}} \sum_{i=1}^{v^{ES}} [X'_i(08)^{ES}_{1 \times m} \cdot \hat{\beta}_q(07)^{ES}_{m \times 1}] \quad (4-18)$$

其中，u^{ES}、v^{ES}分别表示2007年、2008年东部城市服务业样本中的观察值个数；$X'_i(07)^{ES}$、$X'_i(08)^{ES}$分别表示2007年、2008年东部城市服务业样本中第i个观察值的解释变量矩阵；$\hat{\beta}_q(07)^{ES}$、$\hat{\beta}_q(08)^{ES}$分别表示2007年、2008年q分位点下的东部城市服务业系数向量矩阵；m表示包含截距项在内的解释变量个数。

关于反事实平均工资$\hat{y}_q(*)^{EM}$、$\hat{y}_q(*)^{ES}$的具体拟合过程，请回顾第三章。

（二）结果报告

分别通过式（4-13）~式（4-15）、式（4-16）~式（4-18），基于

经整理后的 CHIP（2007）、CHIP（2008）有效数据，并借助 R 语言编程和计算，这里先后得到了东部城市制造业、服务业，产业内回报差异以及变量差异跨期演变的反事实分解结果，如表 4-4、表 4-5 所示。

表 4-4　东部城市制造业产业内回报差异和变量差异跨期演变结果（2008/2007）

分位点	平均工资（2007）	平均工资（2008）	反事实平均工资	总差异 绝对值	总差异 相对值	回报差异 绝对值	回报差异 相对值	变量差异 绝对值	变量差异 相对值
0.05	1.611	1.668	1.576	0.057	3.54%	0.092	5.71%	−0.035	−2.17%
0.10	1.770	1.817	1.720	0.047	2.65%	0.096	5.43%	−0.049	−2.78%
0.20	1.964	2.004	1.934	0.041	2.08%	0.070	3.57%	−0.029	−1.49%
0.30	2.124	2.149	2.111	0.025	1.19%	0.038	1.81%	−0.013	−0.62%
0.40	2.253	2.287	2.267	0.034	1.49%	0.020	0.90%	0.014	0.59%
0.50	2.371	2.400	2.374	0.029	1.22%	0.026	1.07%	0.003	0.15%
0.60	2.492	2.530	2.516	0.038	1.50%	0.014	0.53%	0.024	0.97%
0.70	2.624	2.673	2.650	0.049	1.88%	0.023	0.88%	0.026	1.00%
0.80	2.776	2.839	2.810	0.063	2.26%	0.029	1.05%	0.034	1.21%
0.90	2.969	3.083	2.989	0.114	3.85%	0.094	3.16%	0.020	0.68%
0.95	3.155	3.257	3.186	0.102	3.22%	0.071	2.26%	0.031	0.95%

注：（1）平均工资（2007）、平均工资（2008）、反事实平均工资是在实际小时工资的对数形式拟合得到分位数回归系数基础上，分别按照式（4-13）~式（4-15）计算得到的；
（2）总差异绝对值＝平均工资（2008）−平均工资（2007），总差异相对值＝总差异绝对值/平均工资（2007）；
（3）回报差异绝对值＝平均工资（2008）−反事实平均工资，回报差异相对值＝回报差异绝对值/平均工资（2007）；
（4）变量差异绝对值＝反事实平均工资−平均工资（2007），变量差异相对值＝变量差异绝对值/平均工资（2007）；
（5）后文表 4-5、表 4-6、表 4-7 指标处理过程同此表，不再进行专门注释。

表 4-5　东部城市服务业产业内回报差异和变量差异跨期演变结果（2008/2007）

分位点	平均工资（2007）	平均工资（2008）	反事实平均工资	总差异 绝对值	总差异 相对值	回报差异 绝对值	回报差异 相对值	变量差异 绝对值	变量差异 相对值
0.05	1.446	1.536	1.440	0.090	6.23%	0.096	6.63%	−0.006	−0.40%
0.10	1.633	1.732	1.664	0.099	6.08%	0.068	4.16%	0.031	1.92%
0.20	1.869	1.983	1.917	0.114	6.12%	0.066	3.52%	0.049	2.60%

续表

分位点	平均工资（2007）	平均工资（2008）	反事实平均工资	总差异 绝对值	总差异 相对值	回报差异 绝对值	回报差异 相对值	变量差异 绝对值	变量差异 相对值
0.30	2.042	2.132	2.100	0.090	4.42%	0.033	1.60%	0.058	2.83%
0.40	2.192	2.270	2.250	0.078	3.55%	0.020	0.91%	0.058	2.63%
0.50	2.318	2.411	2.380	0.092	3.98%	0.030	1.31%	0.062	2.67%
0.60	2.442	2.537	2.494	0.095	3.88%	0.042	1.73%	0.052	2.14%
0.70	2.591	2.680	2.631	0.088	3.41%	0.049	1.89%	0.039	1.51%
0.80	2.767	2.865	2.819	0.098	3.54%	0.046	1.65%	0.053	1.90%
0.90	3.003	3.123	3.033	0.120	3.99%	0.090	2.99%	0.030	1.00%
0.95	3.215	3.392	3.255	0.177	5.51%	0.137	4.27%	0.040	1.25%

（三）差异比较

这里分别对东部城市制造业与服务业间，工资收入总差异演变情况、回报差异演变情况、变量差异演变情况进行比较。以总差异相对值为例，由于其数值反映了2007~2008年处于特定产业中的劳动者整体工资的进步水平，因此又将总差异相对值称为"综合进步率"。相应地，将回报差异相对值称为"行业回报进步率"，将变量差异相对值称为"人力资本进步率"（这里的变量差异之所以能够刻画特定产业内部人力资本进步情况，仍然是基于前文对工资收入的实证，建立在 Mincer 1973 工资收入-人力资本经典方程基础之上）。

首先是综合进步率的比较。图4-5显示，2007~2008年，东部城市制造业和服务业综合进步率在各分位点下显著为正，这说明各产业内劳动者工资均获得了正增长。此外，该地区内两个现象值得特别关注：一是不管对制造业还是对服务业而言，综合进步率均呈U形，这说明两大产业内的低收入者和高收入者工资收入增长较快，而中间收入者工资增长迟缓；二是服务业综合进步率在各分位点下又显著高于制造业，这说明东部城市服务业劳动者的工资收入增速要快于当地制造业，该结论对本地区所有收入群体具有普遍适用性。

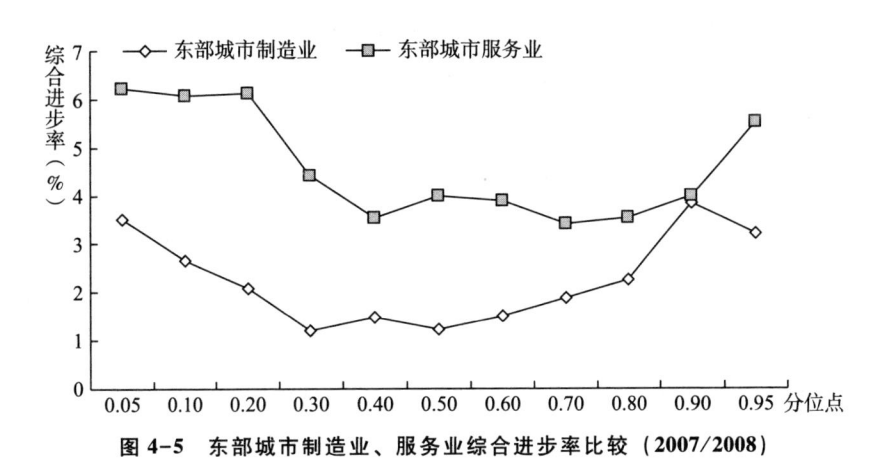

图 4-5 东部城市制造业、服务业综合进步率比较（2007/2008）

其次是行业回报进步率的比较。图 4-6 显示，2007~2008 年，各分位点下两大产业的行业回报进步率都为正。由于行业回报进步率反映的是假定产业内人力资本在前后各期保持一致时，纯粹由行业本身回报差异引起的产业劳动者工资收入水平的进步状况，因此，数据说明东部城市制造业和服务业内在回报率在此期间都有所增加，且亦呈现出"两头高、中间低"的特征。此外，行业回报进步率还可反映出特定产业劳动力供需矛盾的紧张程度。这是因为，在控制了人力资本的前提下，当市场机制成为配置劳动力资源的主要方式时，特定产业工资水平增长的快慢便主要由劳动力供需结构所决定。因此较高的行业回报进步率在一定

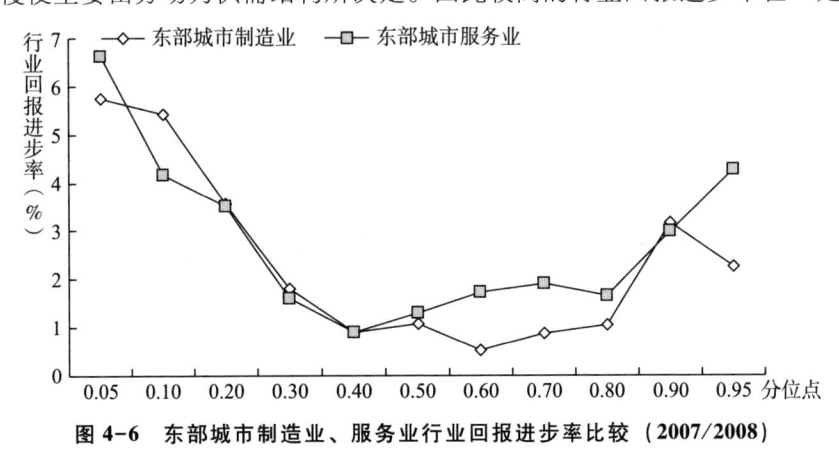

图 4-6 东部城市制造业、服务业行业回报进步率比较（2007/2008）

程度上反映了特定产业较高的劳动力需求-供给比率,反之则反是。因此,东部城市较为接近的产业间行业回报进步率说明地区内制造业与服务业拥有比较类似的劳动力需求供给结构。

再次是人力资本进步率的比较。图4-7显示,2007~2008年,东部城市服务业人力资本进步率在各分位点下整体为正（尽管在0.05分位点处呈现微弱的负效应）,而制造业数据在较低分位点一侧为负,在较高分位点一侧为正。由于人力资本进步率反映的是假定产业内行业回报率在前后时期保持一致时,纯粹由该产业人力资本前后差异引起的产业劳动者工资收入水平的提高,因此数据说明在东部城市,就服务业而言,劳动力质量在持续提升,且从低收入群体到高收入群体,表现出一致的提升趋势。而就制造业而言,仅在中等收入群体和高收入群体中发现了劳动力质量的增加,在低收入群体中则发现了劳动力质量的下滑。此外,由于人力资本进步率可以用于对人力资本水平变动趋势的定量测度,各分位点下服务业数据超过制造业的普遍趋势,说明当地高水平劳动要素正在向服务业集中。

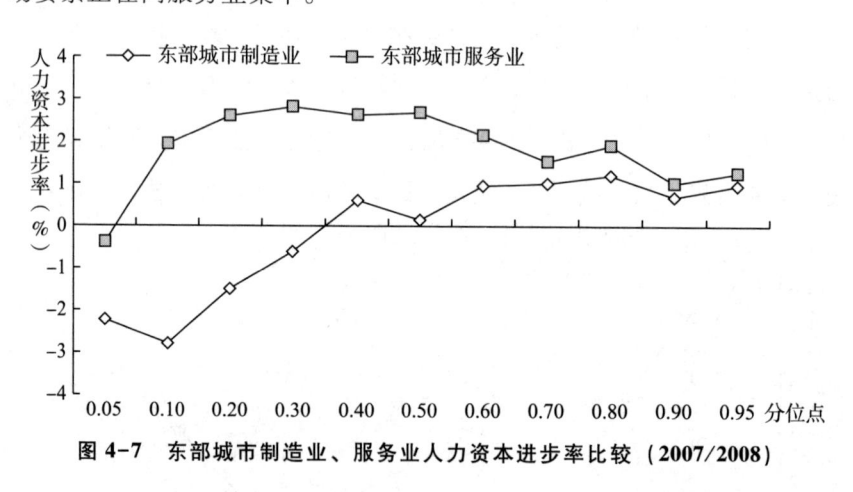

图4-7 东部城市制造业、服务业人力资本进步率比较（2007/2008）

最后,综合图4-5、图4-6、图4-7来看,可以发现对东部城市而言,各分位点下服务业综合进步率普遍超越制造业,这主要是由人力资本进步率产业间差异所推动的。这说明,在东部城市出现的服务业工资增速普遍快于制造业的收入分配现象（见图4-3）背后的主要原因是服务业人力资本的快速提升。需要指出的是，在由制造型经济向服务型经济演进的产业结构转型升级战略中，上述产业内收入分配演变特征能够与该战略有效契合。这是因为，相似的行业回报进步率，保障了产业结构转换不会引致地区整体劳动力供求结构出现剧烈动荡，从而使服务化转型升级战略能够在确保就业稳定的前提下，最终推动当地平均工资增长（这与第二章有关就业的研究结论相呼应）。

二 中西部城市制造业、服务业各自内部的跨期演变

（一）反事实分解模型构建

参照前文关于东部城市产业内跨期演变的研究过程，需构造的平均工资模拟方程如下。

中西部城市制造业平均工资（2007）：

$$\hat{y}_q(07)^{WM} = \frac{1}{u^{WM}} \sum_{i=1}^{u^{WM}} [X'_i(07)^{WM}_{1\times m} \cdot \hat{\beta}_q(07)^{WM}_{m\times 1}] \quad (4-19)$$

中西部城市制造业平均工资（2008）：

$$\hat{y}_q(08)^{WM} = \frac{1}{v^{WM}} \sum_{i=1}^{v^{WM}} [X'_i(08)^{WM}_{1\times m} \cdot \hat{\beta}_q(08)^{WM}_{m\times 1}] \quad (4-20)$$

中西部城市制造业反事实平均工资（2007~2008）：

$$\hat{y}_q(*)^{WM} = [\hat{y}_q(08)^{WM} | \hat{\beta}_q(07)^{WM}] = \frac{1}{v^{WM}} \sum_{i=1}^{v^{WM}} [X'_i(08)^{WM}_{1\times m} \cdot \hat{\beta}_q(07)^{WM}_{m\times 1}]$$

$$(4-21)$$

中西部城市服务业平均工资（2007）：

$$\hat{y}_q(07)^{WS} = \frac{1}{u^{WS}} \sum_{i=1}^{u^{WS}} [X'_i(07)^{WS}_{1\times m} \cdot \hat{\beta}_q(07)^{WS}_{m\times 1}] \quad (4-22)$$

中西部城市服务业平均工资（2008）：

$$\hat{y}_q(08)^{WS} = \frac{1}{v^{WS}} \sum_{i=1}^{v^{WS}} [X'_i(08)^{WS}_{1\times m} \cdot \hat{\beta}_q(08)^{WS}_{m\times 1}] \quad (4-23)$$

中西部城市服务业反事实平均工资（2007~2008）：

$$\hat{y}_q(*)^{WS} = [\hat{y}_q(08)^{WS} | \hat{\beta}_q(07)^{WS}] = \frac{1}{v^{WS}} \sum_{i=1}^{v^{WS}} [X'_i(08)^{WS}_{1\times m} \cdot \hat{\beta}_q(07)^{WS}_{m\times 1}]$$

(4-24)

式（4-19）~式（4-24）中出现的各个参数所代表的实际意义参见前文。

（二）结果报告

分别通过式（4-19）~式（4-21）、式（4-22）~式（4-24），并基于经整理后的 CHIP（2007）、CHIP（2008）有效数据，借助 R 语言编程和计算，得到中西部城市制造业、服务业产业内回报差异和变量差异跨期演变的反事实分解结果，如表 4-6、表 4-7 所示。

表 4-6　中西部城市制造业产业内回报差异和变量差异跨期演变结果（2007/2008）

分位点	平均工资（2007）	平均工资（2008）	反事实平均工资	总差异 绝对值	总差异 相对值	回报差异 绝对值	回报差异 相对值	变量差异 绝对值	变量差异 相对值
0.05	1.187	1.275	1.143	0.087	7.36%	0.132	11.08%	-0.044	-3.72%
0.10	1.364	1.443	1.283	0.078	5.74%	0.160	11.72%	-0.082	-5.98%
0.20	1.574	1.680	1.507	0.106	6.75%	0.174	11.03%	-0.067	-4.28%
0.30	1.735	1.844	1.734	0.109	6.28%	0.110	6.35%	-0.001	-0.07%
0.40	1.862	1.990	1.859	0.128	6.85%	0.130	7.00%	-0.003	-0.14%
0.50	1.975	2.119	1.964	0.144	7.29%	0.155	7.83%	-0.011	-0.55%
0.60	2.103	2.224	2.091	0.121	5.78%	0.134	6.36%	-0.012	-0.58%
0.70	2.242	2.347	2.260	0.105	4.69%	0.087	3.88%	0.018	0.81%
0.80	2.427	2.530	2.478	0.102	4.22%	0.051	2.11%	0.051	2.11%
0.90	2.690	2.739	2.745	0.049	1.81%	-0.006	-0.22%	0.055	2.04%
0.95	2.907	2.991	2.942	0.084	2.90%	0.049	1.70%	0.035	1.20%

表 4-7　中西部城市服务业产业内回报差异和变量差异跨期演变结果（2007/2008）

分位点	平均工资（2007）	平均工资（2008）	反事实平均工资	总差异 绝对值	总差异 相对值	回报差异 绝对值	回报差异 相对值	变量差异 绝对值	变量差异 相对值
0.05	0.988	1.115	1.025	0.127	12.89%	0.090	9.06%	0.038	3.82%

续表

分位点	平均工资（2007）	平均工资（2008）	反事实平均工资	总差异 绝对值	总差异 相对值	回报差异 绝对值	回报差异 相对值	变量差异 绝对值	变量差异 相对值
0.10	1.206	1.320	1.265	0.113	9.40%	0.055	4.56%	0.058	4.84%
0.20	1.442	1.568	1.524	0.125	8.68%	0.044	3.03%	0.081	5.65%
0.30	1.610	1.731	1.711	0.120	7.46%	0.020	1.21%	0.101	6.25%
0.40	1.759	1.874	1.858	0.115	6.55%	0.016	0.92%	0.099	5.63%
0.50	1.882	2.009	1.991	0.126	6.71%	0.018	0.94%	0.109	5.77%
0.60	2.030	2.137	2.146	0.107	5.28%	-0.009	-0.44%	0.116	5.73%
0.70	2.185	2.290	2.303	0.105	4.81%	-0.013	-0.60%	0.118	5.41%
0.80	2.369	2.465	2.481	0.096	4.04%	-0.016	-0.68%	0.112	4.72%
0.90	2.623	2.740	2.758	0.117	4.46%	-0.018	-0.68%	0.135	5.14%
0.95	2.907	3.013	3.024	0.105	3.62%	-0.011	-0.39%	0.116	4.01%

（三）差异比较

在分别对中西部城市制造业与服务业工资收入综合进步率、行业回报进步率以及人力资本进步率进行比较的基础上，通过与东部城市的横向比较，可以发现上述产业内的跨期演变特征已经出现明显的地区分化趋势。

首先是中西部城市各产业综合进步率比较。图4-8显示，2007~2008年，与东部城市类似，中西部城市两大产业综合进步率在各分位点下为正，表明本地区制造业和服务业劳动者工资都获得了实际增长。但是该地区内存在两个与东部城市形成鲜明对比的特征。一是从数据趋势来看，综合进步率呈现出整体单调递减现象。这表明由低收入人群到中等收入人群，再到高收入人群，工资增速在持续下降，该结论同时适用于中西部城市两大产业。二是从数据水平来看，服务业综合进步率比较制造业，并未出现东部城市中的显著优势，而是呈现整体胶着态势，这表明两大产业劳动者工资收入增速较为接近。

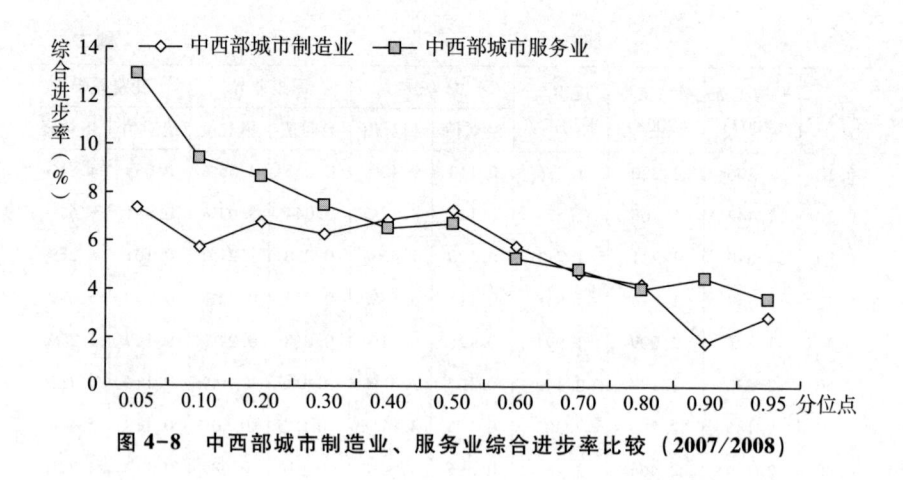

图 4-8 中西部城市制造业、服务业综合进步率比较（2007/2008）

其次是各产业行业回报进步率的比较。图 4-9 显示，2007~2008年，与东部城市两大产业间呈现较为接近的行业回报进步率不同，中西部城市制造业数据在各分位点下显著高于服务业。如前所述，行业回报进步率可以反映特定产业劳动力供需结构的紧张程度，数据说明在中西部城市，制造业内潜在的劳动力需求-供给矛盾要显著大于服务业。此外，关于中西部城市行业回报进步率，还存在两个特征。一是从数据趋势来看，制造业同服务业都呈现单调递减现象，表明随着分位点升高，行业的内在回报率相对下降。二是在较高分位点一侧，服务业中出现了行业回报进步率负增长现象，这表明对那些可以提供高薪职位的细分服务业而言，行业的内在回报率已出现绝对下降趋势。

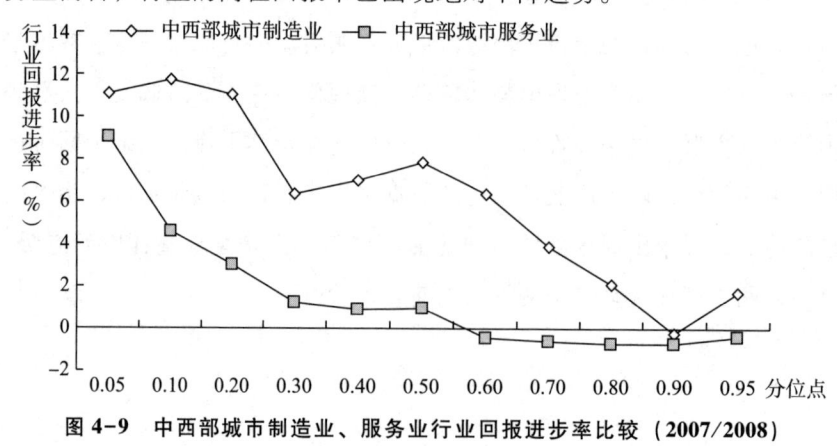

图 4-9 中西部城市制造业、服务业行业回报进步率比较（2007/2008）

第四章 产业结构转型升级对收入分配的动态影响

再次是人力资本进步率的比较。人力资本进步率是三大进步率指标中唯一没有出现显著地区分化的指标，如图4-10所示，在2007~2008年，在东部城市出现的某些就业特征，如服务业劳动力质量在各收入群体中一致上升、制造业劳动力质量只在高收入群体中上升而在低收入群体中下滑、高水平劳动要素正在向服务业集中等现象，也同时出现在了中西部城市。

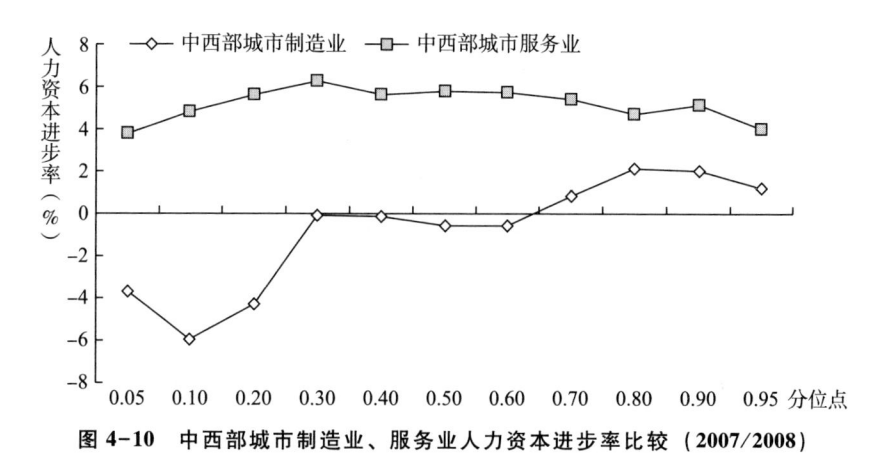

图4-10 中西部城市制造业、服务业人力资本进步率比较（2007/2008）

最后，综合图4-8、图4-9以及图4-10来看，可以发现对于中西部城市而言，由于各分位点的错位现象，即制造业行业回报进步率高于服务业，而服务业人力资本进步率高于制造业，本地区两大产业综合进步率接近。这说明，劳动力质量的更快提升，推动了服务业工资收入的快速增长；同时，产业内回报的低位增长抑制了服务业工资收入的快速增长。方向相反的两种力量最终使得中西部城市出现了服务业工资增长受制于制造业的收入分配现象（见图4-4）。

更为重要的是，上述收入分配演变特征，将与制造型经济向服务型经济变迁的产业结构转型升级战略形成严重冲突。进一步而言，在上述收入分配演变特征之下推动的服务型结构调整战略，不仅难以实现地区内工资收入水平更快增长，甚至可能引致严重的社会就业危机。该结论基于如下事实：中西部城市行业回报进步率呈现出的差异，说明当地制造业存在较服务业更高的劳动力需求供给比。即使考虑到服务业会带来更受欢迎的人力资本进步局面，仍然改变不了如果政府强行推进服务化转型升级战略，会降低全社会劳动力需求供给比的现实，进而给社会就业带来严重负面影响（这里再次与第三章有关就业的研究结论相呼应）。

第四节 产业间回报差异和变量差异的动态比较

第三章基于 CHIP（2007）数据，对当年度从服务业与制造业工资收入总差异中分解得到的产业间回报差异和变量差异进行了地区比较。在 CHIP（2007）静态数据基础上，虽然得到了多项重要发现，但静态数据却难以反映近年来中国产业结构转型升级背景下，上述差异在各地区的动态变化趋势。趋势研究能够在理论分析和政策建议上对静态研究做出重要补充，为此，在 CHIP（2007）数据基础上，本章引入 CHIP（2008）数据（数据选择依据可回顾本章第 1 节的相关说明），对 2007~2008 年各地区产业间回报差异和变量差异的动态趋势进行了考察。幸运的是，两轮数据虽然间隔较短，但是从中得出的研究结论仍然非常清晰，从而可以为解释近年来整体趋势提供参考。

一 东部城市产业间的动态比较

该部分仍然借助 MM2005 反事实分解和 R 语言建模这两种数据处理技术。依托 CHIP（2007）数据对 2007 年东部城市产业间反事实分解模型的构建、分解结果的报告和差异比较，已在第三章进行了阐述，因此下文相继展开的模型构建和结果报告，将仅以 CHIP（2008）数据对 2008 年情况进行说明。在差异比较部分，则在书中得出 2008 年研究结论基础上，直接引入第三章关于 2007 年的研究结论，进而完成动态比较。

（一）产业间反事实分解模型的构建

考察 2008 年东部城市制造业与服务业，工资收入总差异中的产业间回报差异和变量差异,需要首先对 2008 年东部城市各分位点下的制造业平均工资、服务业平均工资和反事实平均工资进行模拟,模拟方程如下。

东部城市制造业平均工资(2008):

$$\hat{y}_q(08)^{EM} = \frac{1}{v^{EM}} \sum_{i=1}^{v^{EM}} [X'_i(08)^{EM}_{1 \times m} \cdot \hat{\beta}_q(08)^{EM}_{m \times 1}] \quad (4-25)$$

东部城市服务业平均工资(2008):

$$\hat{y}_q(08)^{ES} = \frac{1}{u^{ES}} \sum_{i=1}^{u^{ES}} [X'_i(08)^{ES}_{1 \times m} \cdot \hat{\beta}_q(08)^{ES}_{m \times 1}] \quad (4-26)$$

东部城市产业间反事实平均工资(2008):

$$\hat{y}_q(08)^{ECF} = [\hat{y}_q(08)^{ES} | \hat{\beta}_q(08)^{EM}] = \frac{1}{u^{ES}} \sum_{i=1}^{u^{ES}} [X'_i(08)^{ES}_{1 \times m} \cdot \hat{\beta}_q(08)^{EM}_{m \times 1}]$$

$$(4-27)$$

其中,式(4-25)即上文中的式(4-14),式(4-26)即上文中的式(4-17)。u^{ES}、v^{EM} 分别表示 2008 年东部城市服务业、制造业样本中的观察值个数;$X'_i(08)^{ES}$、$X'_i(08)^{EM}$ 分别表示 2008 年东部城市服务业、制造业样本中第 i 个观察值的解释变量矩阵;$\hat{\beta}_q(08)^{ES}$、$\hat{\beta}_q(08)^{EM}$ 分别表示 2008 年东部城市服务业、制造业 q 分位点的系数向量矩阵;m 表示包含截距项在内的解释变量个数。

关于 2008 年东部城市产业间反事实平均工资 $\hat{y}_q(08)^{ECF}$ 的具体拟合过程,请回顾第三章第 4 节。

(二) 结果报告

通过式(4-25)~式(4-27),基于经整理后的 CHIP(2008)有效数据,并借助 R 语言编程和计算,得到了 2008 年东部城市服务业比较制造业下的产业间回报差异和变量差异反事实计算结果,如表 4-8 所示。

产业结构转型升级：如何影响就业结构和收入分配

表 4-8 东部城市产业间平均工资总差异反事实分解计算结果（2008）

分位点	制造业平均工资	服务业平均工资	反事实平均工资	总差异绝对值	总差异相对值	回报差异绝对值	回报差异相对值	变量差异绝对值	变量差异相对值
0.05	1.668	1.536	1.677	-0.132	-7.91%	-0.141	-8.47%	0.009	0.56%
0.10	1.817	1.732	1.825	-0.084	-4.64%	-0.093	-5.09%	0.008	0.45%
0.20	2.004	1.983	2.017	-0.021	-1.06%	-0.034	-1.68%	0.012	0.62%
0.30	2.149	2.132	2.168	-0.017	-0.79%	-0.035	-1.64%	0.018	0.85%
0.40	2.287	2.270	2.306	-0.017	-0.74%	-0.036	-1.58%	0.019	0.84%
0.50	2.400	2.411	2.422	0.011	0.46%	-0.011	-0.48%	0.023	0.94%
0.60	2.530	2.537	2.548	0.007	0.28%	-0.011	-0.44%	0.018	0.73%
0.70	2.673	2.680	2.691	0.007	0.25%	-0.011	-0.41%	0.018	0.66%
0.80	2.839	2.865	2.871	0.026	0.91%	-0.006	-0.21%	0.032	1.12%
0.90	3.083	3.123	3.133	0.039	1.28%	-0.010	-0.33%	0.050	1.61%
0.95	3.257	3.392	3.306	0.135	4.14%	0.086	2.64%	0.049	1.50%

注：（1）表中制造业平均工资、服务业平均工资、反事实平均工资，是以实际小时工资的对数形式拟合得到分位数回归系数之后，再分别按照式（4-25）~式（4-27）计算得到的；

（2）总差异绝对值=服务业平均工资-制造业平均工资，总差异相对值=总差异绝对值/制造业平均工资；

（3）回报差异绝对值=服务业平均工资-反事实平均工资，回报差异相对值=回报差异绝对值/制造业平均工资；

（4）变量差异绝对值=反事实平均工资-制造业平均工资，变量差异相对值=变量差异绝对值/制造业平均工资。

（三）2007~2008 年东部城市产业间回报差异和变量差异的动态比较

这里，分别对 2007 年与 2008 年，东部城市服务业对比制造业的产业间工资收入总差异、产业间回报差异、产业间变量差异进行了动态比较。相关图例表明，伴随近年来产业结构转型升级持续推进，一些清晰的演进规律正在逐步显现。

首先是工资收入总差异的动态比较。图 4-11 显示，从 2007 年到 2008 年，东部城市服务业对比制造业，工资收入总差异曲线出现了整体上移。该结果不仅使得中低收入阶层服务业劳动者与制造业劳动者间的平均工资差距进一步缩小，而且使得产业间劳动者盈亏平衡点向较低分位点发生移动。这说明东部城市产业结构转型升级在近年来得以有效推进。此处结论也恰好印证了在产业结构转型升级有效推进前提下，对工资收入总差异曲线变动趋势做出的推测。

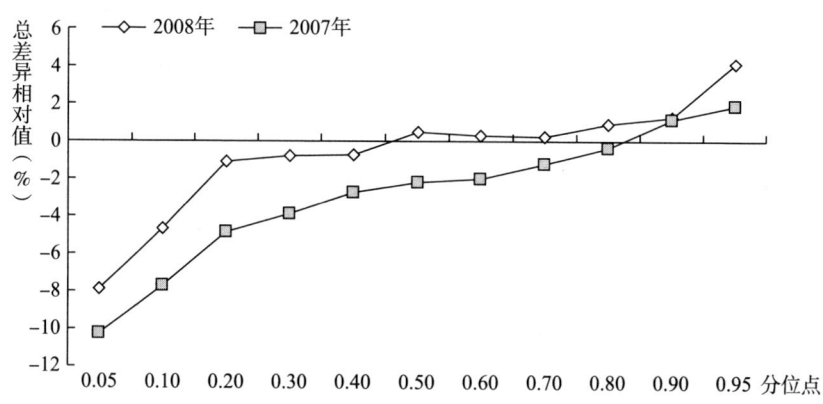

图4-11 东部城市服务业与制造业工资收入总差异动态比较（2007年和2008年）

其次是产业间回报差异的动态比较。图4-12显示，从2007年到2008年，东部城市服务业对比制造业，产业间回报差异曲线也出现了整体上移现象。由于产业间回报差异反映的是，假定两大产业人力资本保持一致，纯粹由各产业自身整体回报率不同引起的产业间工资收入差异。因此，数据说明比较制造业，东部城市服务业整体回报率体现的折价效应正在显著消退。

此外，产业间回报差异还可部分刻画产业间劳动生产率水平差异。这是因为，在控制了产业间劳动力质量前提下，产业间工资差异将主要由各产业劳动生产率水平所决定。由此推测，2008年虽然在中位数（即0.5分位点）以下所代表的中低收入、低收入群体中，东部城市服务业劳动生产率还滞后于制造业，但动态趋势显示，伴随着产业结构转型升级的有效推进，服务业劳动生产率与制造业之间的缺口，将从较高分位点向较低分位点逐渐消失。

中国经济增长前沿课题组（2012）曾经对发达国家以及发展中国家产业结构演进路径进行了比较。这项研究认为，2008年从全国来看，服务业劳动生产率尚处在落后于制造业的通道当中。本书基于地区比较和划分分位点的研究丰富了该研究成果，可以为将来针对不同地区或不

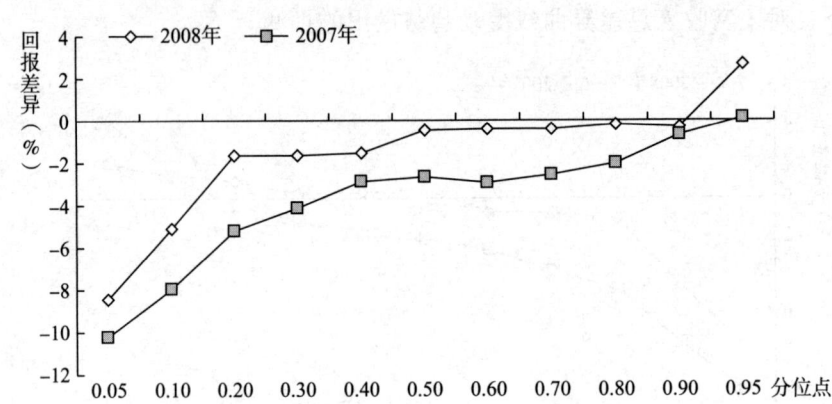

同工资收入群体提出特定的劳动生产率促进政策提供有效参考。

图 4-12 东部城市服务业与制造业产业间回报差异动态比较（2007 年和 2008 年）

再次是产业间变量差异的动态比较。图 4-13 显示，从 2007 年到 2008 年，东部城市服务业与制造业相比，人力资本差异曲线出现了"翘板分化"现象。具体而言，大约 0.55 分位点以下部分，人力资本差异曲线整体上扬，而该分位点以上部分，上述曲线则整体下降（此处变量差异能够与人力资本相互替换，这仍然是因为本书对工资收入的实证建立在 Mincer1973 方程之上，参见本章第 2 节、第 3 节或第三章第 3 节）。

由于变量差异反映的是，假定各产业整体回报率保持产业间一致时，产业间人力资本不同引起的产业间工资收入差异，数据说明 2008 年在 0.55 分位点及以下部分所对应的中低收入、低收入群体当中，东部城市服务业劳动者与制造业劳动者相比呈现的人力资本比较优势在进一步扩大，而 0.55 分位点以上部分所对应的中高收入、高收入群体中，前者对后者仍然具有一定的人力资本比较优势，但该优势正在缩小。

上述"翘板分化"现象的出现，应与 2008 年全球金融危机密切相关，以金融行业为代表的东部城市专业服务业，在这次危机中首当其冲。外来冲击延缓了此前高水平人力资本向高端服务业集中的趋势，同时一部分高水平人力资本在当时的产业刺激之下转而流入制造业。这应是对高分位点一侧出现"翘板分化"的合理解释。需要指出的是，随着 2012 年前后短期冲击影响逐步消退，东部城市产业间人力资本比较优势的变动趋势将逐步回归转型升级下的应有通道。服务业人力资本比较优势在高收入端将持续扩大（待新一轮 CHIP 调查结束之后，可对此推测进行数据验证）。

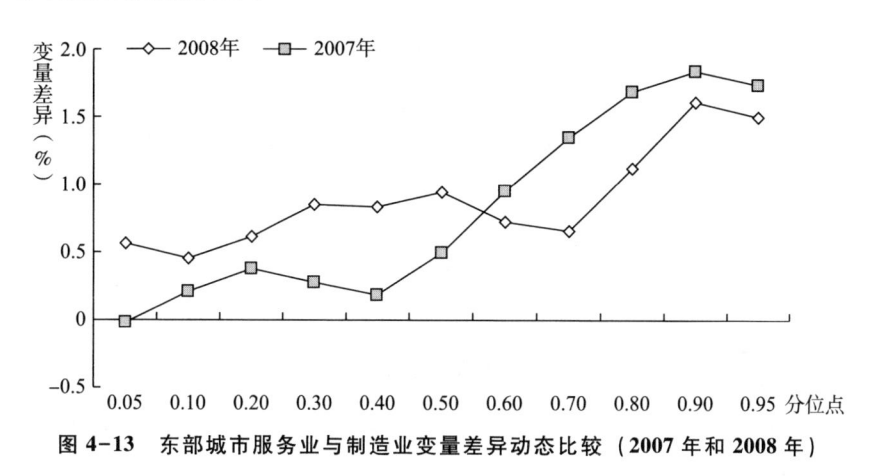

图 4-13 东部城市服务业与制造业变量差异动态比较（2007 年和 2008 年）

二 中西部城市产业间的动态比较

比照第 4 节关于东部城市产业间动态比较的研究过程，此处关于中西部城市相关模型构建和结果报告，也将仅针对 CHIP（2008）数据，只对 2008 年情况做出说明；而在差异比较部分中，同样直接引入第三章关于 2007 年的研究结论，与此处得到的 2008 年研究结论形成动态比较。

（一）产业间反事实分解模型的构建

此处考察 2008 年中西部城市制造业与服务业工资收入总差异中的产业间回报差异和变量差异，也需要首先对 2008 年中西部城市各分位点下的制造业平均工资、服务业平均工资、产业间反事实平均工资进行模拟，模拟方程如下。

中西部城市制造业平均工资（2008）：

$$\hat{y}_q(08)^{WM} = \frac{1}{v^{WM}} \sum_{i=1}^{v^{WM}} [X_i'(08)_{1\times m}^{WM} \cdot \hat{\beta}_q(08)_{m\times 1}^{WM}] \qquad (4-28)$$

中西部城市服务业平均工资（2008）：

$$\hat{y}_q(08)^{WS} = \frac{1}{v^{WS}} \sum_{i=1}^{u^{WS}} [X'_i(08)^{WS}_{1\times m} \cdot \hat{\beta}_q(08)^{WS}_{m\times 1}] \qquad (4-29)$$

中西部城市产业间反事实平均工资（2008）：

$$\hat{y}_q(08)^{WCF} = [\hat{y}_q(08)^{WS} | \hat{\beta}_q(08)^{WM}] = \frac{1}{u^{WS}} \sum_{i=1}^{u^{WS}} [X'_i(08)^{WS}_{1\times m} \cdot \hat{\beta}_q(08)^{WM}_{m\times 1}]$$

$$(4-30)$$

其中，式（4-28）类似式（4-20），式（4-29）即式（4-23）。u^{WS}、v^{WM} 分别表示2008年中西部城市服务业、制造业样本中的观察值个数；$X'_i(08)^{WS}$、$X'_i(08)^{WM}$ 分别表示2008年中西部城市服务业、制造业样本中第 i 个观察值的解释变量矩阵；$\hat{\beta}_q(08)^{WS}$、$\hat{\beta}_q(08)^{WM}$ 分别表示2008年中西部城市服务业、制造业 q 分位点的系数向量矩阵；m 表示包含截距项在内的解释变量个数。

关于2008年中西部城市产业间反事实平均工资 $\hat{y}_q(08)^{WCF}$ 的具体拟合过程，也请回顾第三章第4节。

（二）结果报告

这里通过式（4-28）~式（4-30），基于 CHIP（2008）经整理得到的有效数据，借助 R 语言编程和计算，得到了2008年中西部城市服务业与制造业产业间平均工资总差异反事实分解计算结果，如表4-9所示。

表4-9 中西部城市产业间平均工资总差异反事实分解计算结果（2008）

分位点	制造业平均工资	服务业平均工资	反事实平均工资	总差异 绝对值	总差异 相对值	回报差异 绝对值	回报差异 相对值	变量差异 绝对值	变量差异 相对值
0.05	1.275	1.106	1.247	-0.169	-13.26%	-0.141	-11.06%	-0.028	-2.18%
0.10	1.443	1.314	1.404	-0.129	-8.94%	-0.090	-6.24%	-0.039	-2.67%
0.20	1.680	1.568	1.632	-0.112	-6.66%	-0.064	-3.81%	-0.048	-2.87%
0.30	1.844	1.733	1.798	-0.111	-6.02%	-0.065	-3.52%	-0.046	-2.54%

续表

分位点	制造业平均工资	服务业平均工资	反事实平均工资	总差异绝对值	总差异相对值	回报差异绝对值	回报差异相对值	变量差异绝对值	变量差异相对值
0.40	1.990	1.877	1.940	-0.112	-5.65%	-0.063	-3.17%	-0.049	-2.48%
0.50	2.119	2.008	2.064	-0.111	-5.23%	-0.056	-2.65%	-0.055	-2.58%
0.60	2.224	2.137	2.175	-0.087	-3.90%	-0.037	-1.68%	-0.049	-2.22%
0.70	2.347	2.292	2.296	-0.055	-2.33%	-0.004	-0.15%	-0.051	-2.18%
0.80	2.530	2.465	2.488	-0.065	-2.56%	-0.023	-0.91%	-0.042	-1.65%
0.90	2.739	2.741	2.701	0.002	0.09%	0.040	1.46%	-0.037	-1.37%
0.95	2.991	3.017	2.957	0.026	0.88%	0.060	1.99%	-0.033	-1.12%

注：指标处理过程可参考表4-8附注。

（三）2007年和2008年中西部城市产业间回报差异和变量差异的动态比较

这里再次对2007年与2008年中西部城市服务业与制造业的产业间工资收入总差异、产业间回报差异、产业间变量差异进行了动态比较。研究表明，在近年来的产业结构转型升级过程中，中西部城市相关差异变动趋势与东部城市相比，出现了明显分化。

首先是中西部城市工资收入总差异的动态比较。图4-14显示，2007年和2008年，中西部城市服务业与制造业的两条工资收入总差异曲线除在低分位点有所差异外，在其他分位点整体呈现明显的相近特点。比照本章第4节曾做出的分析，这说明中西部城市服务化的产业结构转型升级战略并未得到有效推进。具体而言，首先对中低收入劳动者来说，服务业劳动者平均工资仍然显著落后于制造业劳动者。此外，产业间平均工资收入盈亏平衡点仍然处于连续分位点的高位。综合来看，中西部城市服务业劳动者工资收入低于制造业劳动者的现象仍然十分普遍，且差距明显。

其次是中西部城市产业间回报差异的动态比较。图4-15显示，在2007年和2008年，类似于工资收入总差异的情况，中西部城市服务业与制造业的两条产业间回报差异曲线，在连续分位点上亦呈现显著的整体胶着特点。产业间回报差异反映的是各产业自身整体回报率的不同，

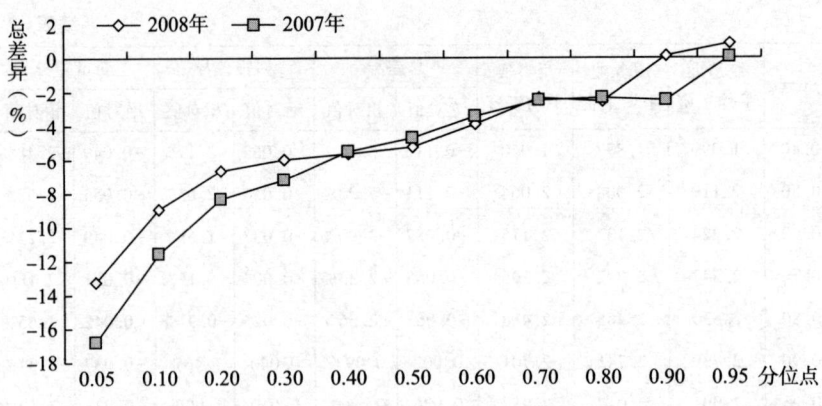

产业结构转型升级：如何影响就业结构和收入分配

图 4-14 中西部城市服务业与制造业工资收入总差异动态比较（2007年和2008年）

据此可以判断，近年来，中西部城市服务业较制造业整体回报率普遍落后的局面，并未得到有效改善。

此外，产业间回报差异可以部分刻画产业间劳动生产率水平差异。动态趋势表明，2007年到2008年，比较当地制造业，中西部城市服务业的劳动生产率低下问题仍然十分突出。这种情况与东部城市服务业劳动生产率的同期动态趋势形成了鲜明对比。中国经济增长前沿课题组（2012）曾针对包括中国在内的部分发展中国家发出的"产业结构演进无效率"警示，应特别值得中西部城市关注。（这里从收入分配中得到的研究结论，与前文第二章就业部分相关研究结论前后呼应，可参见第二章第1节）

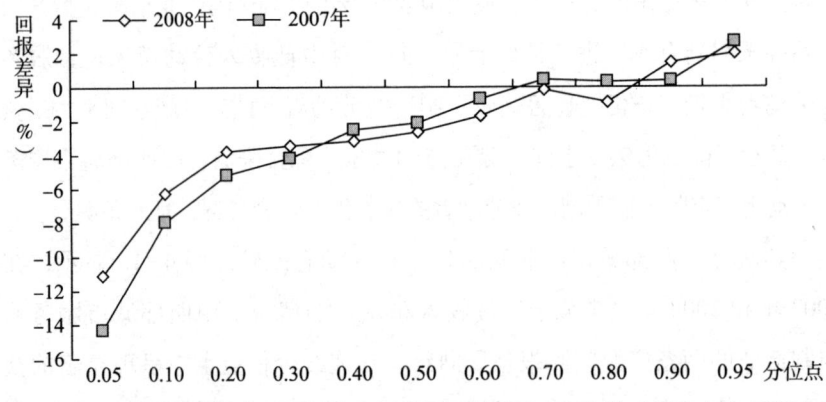

图 4-15 中西部城市服务业与制造业行业间回报差异动态比较（2007年和2008年）

再次是中西部城市产业间变量差异的动态比较。图 4-16 显示，2007~2008 年，中西部城市服务业与制造业相比，人力资本差异曲线不同于东部城市所出现的"翘板分化"现象，出现了整体性上移。鉴于变量差异反映的是产业间人力资本比较优势的不同，可以判断，近年来伴随中西部城市产业结构转型升级，在各收入水平群体中，服务业劳动者较制造业劳动者劳动力质量普遍落后的情况正在显著改善。但同时也应注意到，至少在此后数年当中，中西部城市服务业人力资本比较劣势还将持续存在。

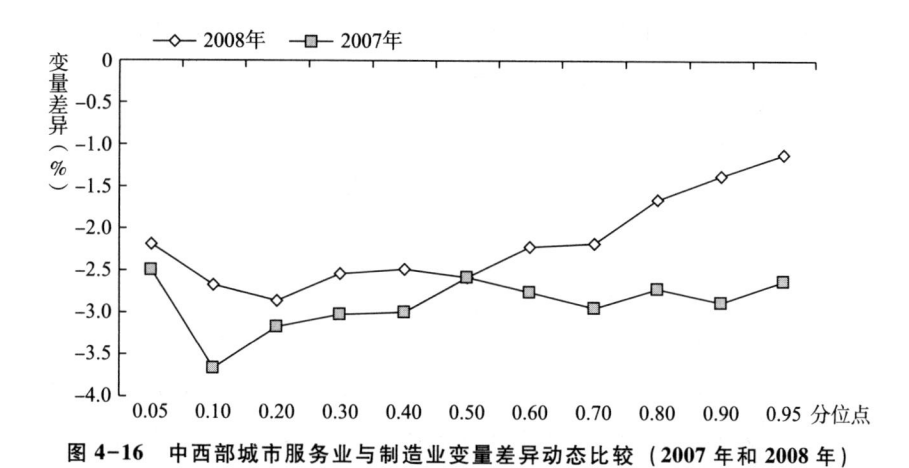

图 4-16 中西部城市服务业与制造业变量差异动态比较（2007 年和 2008 年）

第五节 本章小结

本章是在第三章产业结构转型升级对收入分配静态影响研究基础上，对动态条件下产业结构转型升级对收入分配影响的进一步研究。本章正文包含四节内容，主线可被归纳为"收入分配动态趋势描述—分位数模型构建与实证—产业内相关差异跨期演变—产业间相关差异动态比较"。

第一节首先对趋势描述的数据基础进行了说明。经互相比对，在 CHIP 项目主要的前四次调查中，由于前三轮调查［CHIP（1988）、

CHIP（1995）和 CHIP（2002）］与 CHIP（2007）数据相比，在调查地区、样本容量、调查方式、问卷结构等方面均存在明显不同，难以形成有效面板数据；而由于在 2008 年进行的调查［CHIP（2008）］在上述方面与 2007 年数据十分接近，本章最终选取 CHIP（2007）、CHIP（2008）数据，作为动态趋势描述的数据基础。在此基础上，获得如下发现：（1）各地区服务业收入两极分化现象仍然突出，但低收入端的服务业贫困化现象近年来在东部地区有弱化迹象，而在中西部地区趋势尚不明朗；（2）第三章定义的制造业收入增速放缓现象在 2008 年清晰显现，但各地区的具体表现方式不同，东部城市主要表现为制造业低收入群体实际工资水平下降，而中西部城市主要表现为高收入群体工资增速急剧下滑；（3）各地区不同产业工资收入基尼系数整体扩大，其中服务业基尼系数仍然显著超过制造业，同时鉴于制造业增速放缓的地区表现方式有所差异，制造业基尼系数变化趋势呈现地区分化。

第二节的主要研究目的，是对各地区不同产业工资收入决定方程的分位数回归参数进行拟合，进而为后文各分位点下的产业平均工资和反事实平均工资计算提供基础。因此，该节内容可以被视为本章后续两节内容（产业内跨期演变和产业间动态比较）的准备部分。具体来讲，由于涉及两期数据、两个地区和两大产业，因此书中涉及的工资收入分位数回归模型共计 8 个，分别为：东部城市制造业工资收入分位数回归模型（2008）、东部城市服务业工资收入分位数回归模型（2008）、中西部城市制造业工资收入分位数回归模型（2008）、中西部城市服务业工资收入分位数回归模型（2008）、东部城市制造业工资收入分位数回归模型（2007）、东部城市服务业工资收入分位数回归模型（2007）、中西部城市制造业工资收入分位数回归模型（2007），以及中西部城市服务业工资收入分位数回归模型（2007）。后面 4 个模型的回归结果已在第三章进行了报告，因此本章不再赘述。

第三节是对制造业、服务业各自内部跨期演变特征的研究，建立在东部城市和中西部城市地区比较之上。在本研究定义的"综合进步率"、"行业回报进步率"和"人力资本进步率"基础上，主要发现有：（1）综合进步率显示，各产业工资收入在不同地区均获得了增长，但产业间增长差异在不同地区分化明显，东部城市服务业劳动者工资收入增速普遍快于当地制造业，而中西部城市两大产业劳动者工资收入增速呈现整体胶着态势；（2）行业回报进步率显示，该指标在两大产业间的比较形态地区分化明显，由于行业回报进步率可反映特定产业劳动力供需结构的紧张程度，因此东部城市有较为接近的两大产业行业回报进步率，说明当地制造业与服务业拥有比较类似的劳动力需求供给结构，而中西部城市制造业行业回报进步率普遍高于服务业的现实，则说明当地制造业潜在的劳动力需求供给比要显著大于服务业；（3）人力资本进步率在两大产业间的比较形态，是三大进步率指标中唯一没有出现显著地区分化的指标，高水平人力资本向服务业集中的趋势正在各地区普遍显现；（4）该节内容更为重要的发现是，中西部城市出现的两大产业收入分配演变特征，与服务化产业结构转型升级战略形成冲突。本书认为，上述收入分配演变特征下推进的服务化转型升级战略，不仅难以真正实现中西部城市工资收入快速增长，甚至有可能会给就业带来负面作用。

第四节是对不同年度两项差异的动态比较，同样建立在地区比较的基础之上。通过引入 CHIP（2008）数据，主要发现有：（1）工资收入总差异的动态比较显示，2007 年到 2008 年，东部城市工资收入总差异曲线整体上移，而中西部城市工资收入总差异曲线则呈现胶着态势；（2）关于产业间回报差异的动态比较，由于产业间回报差异可以部分刻画产业间劳动生产率水平差异，因此东部城市曲线整体上移说明当地服务业劳动生产率缺口正从高收入群体到低收入群体逐渐消失，中西部城市该曲线整体呈现胶着态势，则说明当地服务业劳动生产率落后问题并未得到有效改善；（3）关于产业间变量差异的动态比较显示，东部城市人力资本差异曲线出现了"翘板分化"现象，而中西部城市则出现了整体上移，但从趋势来看，东部城市服务业人力资本比较优势还将持续扩大,而中西部城市服务业人力资本比较劣势还将持续存在;(4)该节内容也有更为重要的研究发现,本书基于地区比较和划分收入组的研究,丰富了中国经济增长前沿课题组(2012)对中国产业结构演进路径的单一判断。本章最后给予中西部城市特别关注,提出该地区极有可能进入上述课题组警示的"产业结构演进无效率"通道。在目前服务化的转型升级战略中,如何避免"产业结构转型升级陷阱"值得中西部城市高度关注。

附 录

本章正文已对2008年东部城市制造业工资收入分位数回归结果进行了报告。这里将补充对2008年东部城市服务业、2008年中西部城市制造业以及2008年中西部城市服务业工资收入各分位数回归结果的报告,分别见附表4-1、附表4-2和附表4-3。

附表 4-1 东部城市服务业工资收入各分位数回归结果（2008）

		tau = 0.1	tau = 0.2	tau = 0.3	tau = 0.4	tau = 0.5	tau = 0.6	tau = 0.7	tau = 0.8	tau = 0.9
edu	系数估计值	0.060***	0.064***	0.067***	0.066***	0.064***	0.061***	0.058***	0.054***	0.052***
	t检验的P值	0.0000	0.0000	0.0000	0.0000	0.0000	0.0000	0.0000	0.0000	0.0000
exp	系数估计值	0.019***	0.026***	0.027***	0.029***	0.033***	0.035***	0.036***	0.037***	0.041***
	t检验的P值	0.0003	0.0000	0.0000	0.0000	0.0000	0.0000	0.0000	0.0000	0.0000
squ	系数估计值	0.000*	0.000***	0.000***	0.000***	0.000***	0.000***	0.000***	0.000***	-0.001***
	t检验的P值	0.0642	0.0016	0.0000	0.0003	0.0000	0.0000	0.0000	0.0009	0.0000
sex	系数估计值	-0.109***	-0.152***	-0.153***	-0.141***	-0.173***	-0.170***	-0.160***	-0.174***	-0.184***
	t检验的P值	0.0002	0.0000	0.0000	0.0000	0.0000	0.0000	0.0000	0.0000	0.0000
well	系数估计值	0.071*	0.045*	0.059**	0.057*	0.025	0.022	0.025	-0.044	-0.028
	t检验的P值	0.0844	0.0904	0.0204	0.0588	0.3975	0.4416	0.4647	0.3159	0.5748
high	系数估计值	0.375***	0.350***	0.355***	0.372***	0.379***	0.366***	0.382***	0.369***	0.257***
	t检验的P值	0.0000	0.0000	0.0000	0.0000	0.0000	0.0000	0.0000	0.0000	0.0000
public	系数估计值	0.183***	0.164***	0.156***	0.148***	0.131***	0.105***	0.098***	0.071**	0.046
	t检验的P值	0.0000	0.0000	0.0000	0.0000	0.0000	0.0000	0.0004	0.0285	0.2895
register	系数估计值	0.065*	0.014	-0.020	-0.056	-0.065*	-0.053	-0.017	0.032	0.146**
	t检验的P值	0.0823	0.6940	0.5131	0.0951	0.0519	0.1362	0.6530	0.4745	0.0135
Intercept	系数估计值	0.707***	0.934***	1.061***	1.203***	1.380***	1.524***	1.662***	1.922***	2.140***
	t检验的P值	0.0000	0.0000	0.0000	0.0000	0.0000	0.0000	0.0000	0.0000	0.0000

续表

	tau=0.1	tau=0.2	tau=0.3	tau=0.4	tau=0.5	tau=0.6	tau=0.7	tau=0.8	tau=0.9
拟合优度	0.166	0.192	0.206	0.214	0.227	0.235	0.240	0.233	0.204
调整的拟合优度	0.165	0.191	0.205	0.213	0.225	0.233	0.238	0.231	0.202

注：*** 表示在1%的置信水平下显著；** 表示在5%的置信水平下显著；* 表示在10%的置信水平下显著。

附表 4-2 中西部城市制造业工资收入各分位数回归结果（2008）

		tau = 0.1	tau = 0.2	tau = 0.3	tau = 0.4	tau = 0.5	tau = 0.6	tau = 0.7	tau = 0.8	tau = 0.9
edu	系数估计值	0.031***	0.038***	0.045***	0.052***	0.053***	0.054***	0.059***	0.053***	0.046***
	t检验的P值	0.0002	0.0000	0.0000	0.0000	0.0000	0.0000	0.0000	0.0000	0.0000
exp	系数估计值	0.013	0.020	0.022**	0.021***	0.021***	0.018***	0.019***	0.018***	0.012**
	t检验的P值	0.3403	0.1255	0.0467	0.0000	0.0000	0.0000	0.0000	0.0000	0.0138
squ	系数估计值	0.000	0.000	0.000	0.000***	0.000***	0.000***	0.000***	0.000***	0.000***
	t检验的P值	0.5574	0.3644	0.3187	0.0043	0.0000	0.0000	0.0000	0.0000	0.0000
sex	系数估计值	-0.215***	-0.235***	-0.182***	-0.199***	-0.217***	-0.229***	-0.235***	-0.203***	-0.209***
	t检验的P值	0.0014	0.0000	0.0000	0.0000	0.0000	0.0000	0.0000	0.0000	0.0000
well	系数估计值	0.183**	0.140**	0.134***	0.154***	0.175***	0.130**	0.027	0.047	-0.031
	t检验的P值	0.0312	0.0220	0.0134	0.0014	0.0001	0.0101	0.6541	0.4494	0.7140
high	系数估计值	0.169**	0.164**	0.168***	0.180***	0.155***	0.159***	0.110**	0.176***	0.174***
	t检验的P值	0.0416	0.0216	0.0049	0.0007	0.0005	0.0003	0.0179	0.0017	0.0088
public	系数估计值	0.168***	0.139***	0.067	0.063	0.107***	0.094**	0.053	0.028	0.003
	t检验的P值	0.0050	0.0043	0.1237	0.1395	0.0086	0.0164	0.1834	0.6254	0.9650
register	系数估计值	-0.057	-0.084	-0.078	-0.047	-0.071	-0.048	-0.025	0.047	0.257**
	t检验的P值	0.4613	0.2256	0.2155	0.4124	0.1907	0.3675	0.6363	0.5600	0.0105
Intercept	系数估计值	0.831***	0.990***	1.049***	1.087***	1.188***	1.350***	1.504***	1.700***	2.020***
	t检验的P值	0.0000	0.0000	0.0000	0.0000	0.0000	0.0000	0.0000	0.0000	0.0000

续表

	tau=0.1	tau=0.2	tau=0.3	tau=0.4	tau=0.5	tau=0.6	tau=0.7	tau=0.8	tau=0.9
拟合优度	0.088	0.104	0.112	0.128	0.141	0.149	0.144	0.143	0.131
调整的拟合优度	0.082	0.098	0.107	0.123	0.136	0.144	0.139	0.138	0.126

注：*** 表示在1%的置信水平下显著；** 表示在5%的置信水平下显著；* 表示在10%的置信水平下显著。

附表4-3　中西部城市服务业工资收入各分位数回归结果（2008）

		tau=0.1	tau=0.2	tau=0.3	tau=0.4	tau=0.5	tau=0.6	tau=0.7	tau=0.8	tau=0.9
edu	系数估计值	0.058***	0.062***	0.066***	0.066***	0.065***	0.064***	0.060***	0.055***	0.047***
	t检验的P值	0.0000	0.0000	0.0000	0.0000	0.0000	0.0000	0.0000	0.0000	0.0000
exp	系数估计值	0.009***	0.011*	0.013**	0.016***	0.019***	0.021***	0.022***	0.022***	0.022***
	t检验的P值	0.0002	0.0982	0.0053	0.0006	0.0000	0.0000	0.0000	0.0000	0.0000
squ	系数估计值	0.000	0.000	0.000	0.000	0.000***	0.000***	0.000***	0.000***	0.000***
	t检验的P值	0.3100	0.8062	0.9228	0.5708	0.0000	0.0000	0.0000	0.0000	0.0000
sex	系数估计值	-0.103***	-0.114***	-0.148***	-0.171***	-0.162***	-0.155***	-0.165***	-0.189***	-0.189***
	t检验的P值	0.0008	0.0000	0.0000	0.0000	0.0000	0.0000	0.0000	0.0000	0.0000
well	系数估计值	0.215***	0.208***	0.171***	0.181***	0.152***	0.105***	0.086***	0.057	0.073
	t检验的P值	0.0000	0.0000	0.0000	0.0000	0.0000	0.0029	0.0086	0.1037	0.1289
high	系数估计值	0.331***	0.272***	0.294***	0.266***	0.250***	0.244***	0.210***	0.181***	0.153***
	t检验的P值	0.0000	0.0000	0.0000	0.0000	0.0000	0.0000	0.0000	0.0000	0.0005
public	系数估计值	0.242***	0.229***	0.217***	0.225***	0.215***	0.180***	0.151***	0.123***	0.038
	t检验的P值	0.0000	0.0000	0.0000	0.0000	0.0000	0.0000	0.0000	0.0024	0.5190
register	系数估计值	0.061	-0.006	-0.058*	-0.056	-0.065**	-0.054	-0.025	0.046	0.180***
	t检验的P值	0.1163	0.8664	0.0943	0.1132	0.0392	0.1310	0.5126	0.3257	0.0052
Intercept	系数估计值	0.209***	0.461***	0.629***	0.762***	0.919***	1.075***	1.284***	1.541***	1.839***
	t检验的P值	0.0015	0.0000	0.0000	0.0000	0.0000	0.0000	0.0000	0.0000	0.0000

续表

	tau=0.1	tau=0.2	tau=0.3	tau=0.4	tau=0.5	tau=0.6	tau=0.7	tau=0.8	tau=0.9
拟合优度	0.168	0.186	0.197	0.206	0.211	0.214	0.209	0.187	0.139
调整的拟合优度	0.167	0.184	0.195	0.204	0.210	0.213	0.207	0.185	0.137

注：*** 表示在1%的置信水平下显著；** 表示在5%的置信水平下显著；* 表示在10%的置信水平下显著。

第五章 研究结论、政策建议和研究展望

第一节 主要研究结论

本书基于人力资本比较优势假说,通过历史和发展的双重视角,聚焦当前服务化的产业结构转型升级进程将给中国各地区就业结构与收入分配带来的潜在影响,并进行实证研究。全书研究结论总结如下。

一 全国层面

不同于"产业结构转型升级就业破坏论"或"产业结构转型升级就业创造论"的绝对论断,本书研究发现,全国层面服务化产业结构转型升级进程给就业结构带来的影响,在 2003 年[①]前后出现了显著分化,具体而言,1978~2003 年,上述进程给全国就业带来的"破坏"效应显著强于"创造"效应,制造业向服务业转型将显著削弱社会就业;然而进入 2003~2011 年,服务化转型升级进程给全国就业带来的"创造"效应已反超"破坏"效应,同样的转型进程转而将显著扩大社会

[①] 将 2003 年作为 1978~2011 年的分段点,主要依据是第二章的一系列相关研究结论。回顾第二章内容可发现,不管是对三次产业 GDP 占比的考察,还是对就业结构超前系数或产业就业结构偏离度的考察,显著的阶段分化时点都指向 2002 年前后。此外,考虑到 2002 年中国对《国民经济行业分类》进行了修订,以 2003 年作为时期分段点正好与上述时点吻合,因此最终选择这一年份。

就业。2003年前后也成为全国层面就业主导部门转换的时间节点。

此外，由于服务业内部子行业之间差异明显，虽然同被称为服务业，人力资本在第三章所描述的两类服务性行业中却是天壤之别。因此，书中进一步将服务业区分为生产性服务业和生活性服务业，以近似反映当产业结构向两类截然不同的服务行业转型时，将给社会就业带来的影响。研究显示，1978~2003年，不管是对制造业向生产性服务业转换的过程还是对制造业向生活性服务业转换的过程而言，两者都将显著削弱社会就业，且削弱程度较为接近；2003~2011年，上述两个过程转而呈现显著扩大社会就业的特征，但向生活性服务业转型引致的就业扩大效应更为明显。

在由制造业向服务业转型升级的普遍进程中，数据显示，服务业比制造业在推动收入分配分化方面更具影响。特别是在低收入端，中国城市产业结构转型升级过程中，还出现了明显的服务业贫困化现象。此外，从产业间工资收入总差异中分解得到的人力资本比较优势（即变量差异），在中国东部城市与中西部城市间已出现显著分化，这要求中国不同地区对适合自身的产业结构转型升级之路要进行甄别。而从动态趋势来看，服务业对高水平劳动要素的集聚功能，在全国范围内普遍存在。但由于不同地区产业结构转型升级面对的就业结构存在显著差异，上述普遍的集聚趋势，并未使得中西部地区获得与东部地区同样的平均工资拉动效果。

二 东部地区

中国当前各地区产业发展差距明显。因此，当前阶段产业结构转型升级进程最终还要在地区层面推进，这就使得开展地区层面的就业结构和收入分配影响研究更显必要。区分东部地区和中西部地区的研究发现，东部地区服务化产业结构转型升级进程给就业结构带来的影响，与上述全国层面研究结论较为接近：1978~2003年，制造业向服务业转型，以及在此基础上区分的向生产性服务业转型或生活性服务业转型，都将削弱社会就业；在 2003~2011 年，上述进程又转而带来扩大社会就业的效应。

而基于 CHIP（2007）横截面数据开展的收入分配静态研究发现，服务化产业结构转型升级进程，在服务业收入分化效应推动下使得东部城市收入分配差距持续拉大；在东部城市各收入群体中，服务业劳动者人力资本比较优势已然全面超越制造业。综合来看，对东部城市而言，在此基础上推进的服务化产业结构转型升级进程，在扩大未来城市内部收入分配差距的同时，也将进一步推动平均工资水平提升。而对各劳动力要素作用于未来城市收入分配的一般规律，以及产业间工资差异主要来源的解释，可参考第三章相关内容。

在上述静态研究基础上，基于 CHIP（2007）、CHIP（2008）连续数据开展的动态研究则发现：伴随服务化产业结构转型升级进程加速推进，城市整体收入分配差距将持续拉大；基于产业内部跨期演变的研究显示，东部城市上述转型升级进程在推动当地平均工资增长的同时，不会引起社会就业的剧烈动荡；基于产业之间动态比较的研究显示，各收入群体中服务业劳动者工资增速普遍快于制造业，服务业比较制造业的劳动生产率缺口正从高分位点向低分位点逐渐消失；不管是从产业内部跨期演变来看，还是从产业之间动态比较来看，东部城市服务业的人力资本比较优势呈现强化趋势。

三 中西部地区

聚焦中西部地区的研究发现，当前阶段如果强行推进服务化的产业结构转型升级进程，其所带来的就业结构影响，将与全国层面或东部地区情况显著不同。本书研究显示，1978~2003 年，中西部地区服务化转型升级的就业影响与东部地区还尚无明显差异；但在 2003~2011 年，制造业向服务业转型过程给中西部地区就业结构带来的破坏效应仍强于创造效应。这说明与服务业相比，制造业仍然是中西部地区吸纳就业的主要部门。此阶段下，贸然推进的服务化产业结构转型升级进程，将给中西部地区社会就业带来不利影响。该结论对于当地制造业向生产性服务业转型升级进程而言尤为明显。

同样基于CHIP（2007）开展的收入分配静态研究发现，中西部城市在服务化产业结构转型升级进程中，由于服务业收入两极分化具有普遍效应，同样将面临城市内部收入差距扩大趋势；但在中西部城市各收入群体中，服务业劳动者人力资本比较优势仍然普遍落后于制造业。综合来看，中西部城市还处在具有制造业人力资本比较优势的工业化中期，若在此阶段强行推进服务化产业结构转型升级进程，不仅将造成城市内部收入分配差距拉大，甚至会严重拖累劳动者平均工资增长，从而陷入本书定义的"产业结构转型升级陷阱"①。

基于CHIP（2007）、CHIP（2008）连续数据对中西部城市开展的动态研究则发现，城市整体收入分配差距同样在持续拉大；同时基于产业内部跨期演变的研究则提示，当前阶段中西部城市若强行推进服务化转型升级进程，将不仅难以实现本地区平均工资收入持续增长，甚至有可能引致社会就业危机；基于产业之间动态比较的研究则进一步提示，中国经济增长前沿课题组（2012）对中国服务化产业结构演进缺乏比较效率的整体判断，虽然不大可能出现在东部城市，但中西部城市若在当前阶段强行推进服务化进程，就极有可能落入该课题组定义的"产业结构演进无效率"通道当中。

第二节 相关政策建议

本书有关产业结构转型升级对就业结构与收入分配影响的研究结论，从人力资本比较优势假说中来。此处提出的相关政策建议，还要回到人力资本比较优势假说中去。

---

① 产业结构转型升级陷阱，是指全球经济新趋势下一国或地区忽视自身人力资本比较优势、盲目追求产业结构高级化而常常造成经济增长滞缓和人民福祉下降的现象。与"中等收入陷阱"侧重对人均GDP结果的考察不同，转型升级陷阱更侧重于对产业战略过程的评析。

一 注重两类服务行业协调发展

书中指出，不同于制造业内部较为接近的行业就业特征，服务业内部两类行业的就业差异性正在显著分化，人力资本中加速积累和停滞不前两种趋势已在服务业内部同时出现。现实情况是，在服务化产业结构转型升级进程中，地方政府总是倾向于对上述对比鲜明但又互相依赖的两类服务行业进行外部干预。潜在的问题是，对第一类服务业的偏好、对第二类服务业的排挤，将使得城市发展最终陷入如下悖论当中：首先，有选择的服务化产业结构转型升级进程与扩大就业之间冲突明显；其次，互相促进的两类服务业间纽带被人为扭曲，最终将导致第一类服务业发展缺乏支撑。

为此，本书建议应注重转型升级背景下两类服务业协调发展。在积极引导集聚高水平人力资本行业发展的同时，辅助吸纳低水平人力资本行业共同发展，从而在未来转型升级过程中，有效释放可能出现的结构性就业压力。在此过程中，政府层面应尽量避免以专业服务业（或称现代服务业、生产性服务业）的服务业结构占比指标（包括就业结构或产值结构）展开地方竞争，以防止服务业自身协调性被倒逼式干预打乱。进一步而言，建议服务业内部协调发展交由市场自发实现，政府作用应聚焦于如何因势利导推动中国人力资本提升，以促进在未来全球分工新趋势下有质量的劳动供给。后文将围绕政府层面建议进行再阐述。

二 积极应对收入分化

本书发现，不同于工业化阶段相对公平的收入分配特征，服务化经济阶段由于制造业收入增速放缓以及服务业收入两极分化将是普遍现象，未来城市内部收入分配差距将显著拉大。更为深刻的问题是，随着服务化产业结构转型升级进程有效推进，劳动者平均工资增长背后往往伴随着城市贫困人口规模趋于扩大的严峻现实。研究显示，上述问题已在中国城市开始萌芽。不管是从第三章收入分配静态影响研究来看，还是从第四章收入分配动态影响研究来看，中国城市似乎终难以摆脱当初国外城市产业结构转型升级引致贫困人口扩大的普遍规律。

为此，本书呼吁应积极应对转型升级背景下贫困人口扩大倾向。还应该看到，贫困扩大问题的出现，最终源自转型升级前后社会经济形态和生产组织方式的巨大转换。在社会经济差异化、民主化，以及生产组织柔性化、分散化面前，集体议价制度和相互救济制度等有效防止贫困扩大的制度设计将逐步丧失效力。从工业化社会总结出的有效政策建议，很可能在服务经济社会遭遇尴尬。因此，本书建议在做实社会保障前提下，通过强化贫困人口人力资本积累以化解贫困扩大问题。

三 重视产业结构转型升级区域轮动

综合来看，不管是从服务化产业结构转型升级对就业结构的影响出发，还是从其对收入分配的影响出发，这些影响已在中国不同地区出现明显的分化迹象。正像研究结论所指出的，东部地区由于已进入服务业人力资本比较优势显现的后工业化阶段，其当前推进的服务化转型升级进程，将会同就业扩大和平均工资增长呈现良性互动。然而中西部地区由于尚处在制造业人力资本比较优势凸显的工业化中期，在此阶段若要强行推进服务化转型升级进程，极有可能非但难以实现平均工资持续增长，甚至将会引起社会就业的剧烈动荡。为此，本书进一步建议应重视转型升级背景下的区域轮动战略。在国家层面推进服务化产业结构转型升级战略的同时，各地区应基于当地产业间人力资本比较优势，选择适合自身的差异化产业结构转型升级之路。具体来看，在分工演进和人力资本进步基础上：东部城市可积极选择生产性服务业或服务化的先进制造业，作为未来转方式、调结构的产业抓手，但要对自主发展和融合发展给予足够重视；中西部城市还应继续把制造业内部升级，作为相应抓手，从而为将来势必面对的服务化转型升级进程打下坚实产业基础。因此，在上述过程中要避免转型升级就等于加快服务业发展的简单逻辑，进而突出区域轮动发展战略。

四　划清政府边界，引导人力资本积累

一言以蔽之，在当前中国发展新情况和全球经济新趋势背景下，在推动就业质量提升和平均工资提高的同时有效化解失业增加以及贫困扩大的关键，在于人力资本持续积累。先行工业化国家当初的服务经济发展进程，已充分说明了人力资本比较优势所具有的基础性决定作用。而与当前阶段知识经济的叠加，更将凸显人力资本比较优势决定未来全球分工体系的核心作用。能否真正处理好政府与市场间的关系问题，将直接影响产业结构转型升级的成败。

为此，本书最后建议应划清政府边界并促其引导人力资本积累。在保障市场发挥当前阶段转型升级基础性作用的同时，政府应发挥因势利导而非强行主导的作用，并将重心瞄准如何加速人力资本积累。具体而言，教育方面，推动有质量的教育为全体学龄儿童享有，并强调教育过程中创新意识和协作能力培养；职业培训方面，完善多层次的职业培训体系，并加大对低收入劳动者社会培训的财政支持；医疗保健方面，构建高效率的医疗保健体系，并推进政府掌握的医疗保健资源向基层下沉；人口政策方面，落实以人为本的公共服务原则，并配合新一轮财政体制改革理顺各级政府人口事权与相应财权关系，以有效推进人口迁徙。

本书建议，面对新一轮全球化竞争出现的新特点、新趋势，国家层面应适时将人力资本强国战略上升为顶层设计，以最终激活源于人力资本的二次红利。

第三节　未来研究展望

本书虽然从"人力资本比较优势假说"出发，基于历史和发展的双重视角，对当前背景下产业结构转型升级给就业结构、收入分配领域带来的潜在影响，做出了较为全面的研究。但面向未来，还有诸多与此

领域相关的研究问题迫切需要跟进，主要体现在如下方面。

一 对经济结构调整的准确把握还需对相关领域跟进研究

前文导论和概念廓清部分曾先后指出，产业结构、分配结构、交换结构、消费结构、就业结构、技术结构和金融结构等，是共同嵌套在经济结构系统当中的，而且这些结构模块彼此之间普遍联系、相互制约，时刻处于互动当中。因此虽然本书以产业结构转型升级为主体，首先对就业影响和收入分配影响进行了联合研究。但是，要想对当前经济结构调整这一问题进行准确把握，还需要对其他相关领域跟进研究。这不仅包括以产业结构转型为主体，对交易、消费、技术、金融的影响跟进研究，甚至包括以其他结构转型升级为主体，对交叉影响跟进研究。未来作者将以前述假说为基础，逐步推进这些领域的研究。

二 对就业结构影响的合理判断还需对服务经济深入研究

前文概念廓清以及就业影响部分指出，不同于制造业部门较为接近的行业就业特征，服务业部门就业特征已经显著分化，从业者人力资本加速积累和停滞不前同时出现在服务业中。因此虽然本书已将服务业区分为生产性服务业和生活性服务业，以近似刻画上述就业影响差异，但是要对就业结构影响做出合理判断，还需要对服务经济进行更为深入的研究。应该看到，服务经济当中出现的就业异化现象，源自转型升级之后社会经济制度、生产组织方式出现的巨大转换。当社会经济朝着差异化、民主化，生产组织朝着柔性化、分散化同时推进时，核心经济资源却进一步走向平台化、集中化。人力资本有可能在上述分化过程中扮演了重要角色。

三 对收入分配影响的全面理解还需对劳资关系补充研究

前文概念廓清以及收入分配影响部分指出，当前收入分配的主流分类，不仅包括规模性收入分配（居民内部收入分配），还包括功能性收入分配（要素贡献收入分配），这两种口径下开展的产业结构转型升级对收入分配影响研究，都具有重要现实意义。因此，虽然本书关于居民内部收入分配的影响研究已经告一段落。但是，要对转型升级下的收入分配影响进行全面理解，还需对劳资关系（即要素贡献收入分配）做出补充研究。本书指出，转型升级前后劳动-资本的替代关系正在发生微妙变化，大工业时代物质资本对劳动力的替代，正逐渐转换为服务经济时代人力资本对物质资本的替代。未来开展的劳资关系研究，可密切跟踪这一变化。

四 对产业结构本身的有效调整还需对人力资本系统研究

本书发现，随着当今经济全球化参与主体和表现内容的深刻转换，产业结构调整得以凭借的要素禀赋比较优势已经悄然变化。相对于土地、劳动力、自然资源等传统要素禀赋比较优势而言，人力资本比较优势将成为全球经济新趋势下，各国或地区（城市成为主要空间载体）产业发展的核心决定因素。因此，虽然本书已经开始将人力资本比较优势假说作为研究产业结构转型升级问题的基础，但是要对产业结构本身做出有效调整，还需要对新阶段人力资本理论展开系统研究。正是考虑到人力资本问题对于推动中国经济长远发展的重大意义，笔者将在未来不断深化在此领域的研究，并强化本书提出的"人力资本比较优势假说"。

参考文献

[1]〔美〕迈克尔·波特著,陈小悦译,1997.竞争优势[M].北京:华夏出版社.

[2]〔美〕钱纳里、〔美〕鲁宾逊、〔美〕赛尔奎因著,吴奇等译,1989.工业化和经济增长的比较研究[M].上海:上海三联书店.

[3]〔美〕罗斯托著,国际关系研究所编译室译,1962.经济成长的阶段[M].北京:商务印书馆.

[4]〔美〕西蒙·库兹涅茨编著,戴睿、易诚译,1989.现代经济增长:速度、结构与扩展[M].北京:北京经济学院出版社.

[5]〔美〕雅各布·明赛尔著,张凤林译,2001.人力资本研究[M].北京:中国经济出版社.

[6]〔英〕亚当·斯密著,唐日松等译,2005.国富论[M].北京:华夏出版社.

[7]〔英〕大卫·李嘉图著,郭大力、王亚楠译,1962.政治经济学及赋税原理[M].北京:商务印书馆.

[8]〔英〕威廉·配第著,马妍译,2010.政治算术[M].北京:中国社会科学出版社.

[9] Jeffrey Sachs、胡永泰、杨小凯,2003.经济改革和宪政转轨[J].经济学(季刊),第4期.

[10] 蔡昉,2011.中国的人口红利还能持续多久[J].经济学动态,第6期.

[11] 蔡昉、王美艳,2009.为什么劳动力流动没有缩小城乡收入差

距［J］.经济学动态,第 8 期.

[12] 曾宪初、张洁燕,2006.基尼系数的计算及其在我国的适用性［J］.统计与决策,第 17 期.

[13] 陈爱贞、刘志彪,2008.FDI 制约本土设备企业自主创新的分析——基于产业链与价值链双重视角［J］.财贸经济,第 1 期.

[14] 陈昌兵,2007.各地区居民收入基尼系数计算及其非参数计量模型分析［J］.数量经济技术经济研究,第 1 期.

[15] 陈超、姚利民,2007.FDI 对长三角制造业收入差距影响的实证分析［J］.国际贸易问题,第 8 期.

[16] 陈建宝、段景辉,2009.中国性别工资差异的分位数回归分析［J］.数量经济技术经济研究,第 10 期.

[17] 陈娟、李文辉,2014.基于产业结构调整的我国收入分配差距研究［J］.财经问题研究,第 1 期.

[18] 陈怡、周曙东、王洪亮,2009.外商直接投资对我国收入差距的影响——基于制造业工资基尼系数的实证分析［J］.世界经济研究,第 5 期.

[19] 陈宗胜,1994.倒 U 曲线的"阶梯形"变异［J］.经济研究,第 5 期.

[20] 程大中,2008.中国生产性服务业的水平、结构及影响——基于投入-产出法的国际比较研究［J］.经济研究,第 1 期.

[21] 丁一兵、傅缨捷、曹野,2014.融资约束、技术创新与跨越"中等收入陷阱"——基于产业结构升级视角的分析［J］.产业经济研究,第 3 期.

[22] 丁元、周树高、贾功祥,2014.我国就业的产业结构与居民收入分配关系研究［J］.统计与决策,第 4 期.

[23] 杜鹏,2005.我国教育发展对收入差距影响的实证分析［J］.南开经济研究,第 4 期.

[24] 杜雯雯、曹乾,2009.贫困、收入差距与城镇居民健康［J］.人

口与经济，第 4 期．

[25] 段成荣、杨舸、张斐、卢雪和，2008. 改革开放以来我国流动人口变动的九大趋势 [J]．人口研究，第 6 期．

[26] 段景辉、陈建宝，2010. 基于家庭收入分布的地区基尼系数的测算及其城乡分解 [J]．世界经济，第 1 期．

[27] 冯素杰，2008. 论产业结构变动与收入分配状况的关系 [J]．中央财经大学学报，第 8 期．

[28] 干春晖、郑若谷、余典范，2011. 中国产业结构变迁对经济增长和波动的影响 [J]．经济研究，第 5 期．

[29] 高传胜、刘志彪，2005. 生产者服务与长三角制造业集聚和发展——理论、实证与潜力分析 [J]．上海经济研究，第 8 期．

[30] 高德步、吕致文，2005. 新型工业化对我国未来就业的影响 [J]．经济理论与经济管理，第 2 期．

[31] 葛玉好，2007. 工资分布的性别差异：分位数分解方法 [J]．上海经济研究，第 4 期．

[32] 顾永红、胡汉辉，2007. 外商直接投资激励对产业升级影响的分析 [J]．世界经济研究，第 10 期．

[33] 郭东杰、邵琼燕，2012. 中国制造业细分行业就业创造能力与比较优势研究 [J]．经济学家，第 1 期．

[34] 郭晗、任保平，2014. 人口红利变化与中国经济发展方式转变 [J]．当代财经，第 3 期．

[35] 郭继强、姜俪、陆利丽，2011. 工资差异分解方法述评 [J]．经济学（季刊），第 2 期．

[36] 郭继强、陆利丽，2009. 工资差异均值分解的一种新改进 [J]．经济学（季刊），第 4 期．

[37] 郭震，2013. 城镇居民和流动人口工资差距：户籍歧视还是性别歧视 [J]．南方经济，第 8 期．

[38] 国家人口计生委流动人口服务管理司，2009. 提前返乡流动人口

调查报告 [J]. 人口研究，第 2 期.

[39] 国家卫生和计划生育委员会流动人口司编，2013. 中国流动人口发展报告 2013 [M]. 北京：中国人口出版社.

[40] 何筠、张波，2006. 江西产业结构调整与人力资源开发关系实证研究 [J]. 中国人口·资源与环境，第 3 期.

[41] 胡春林，2012. 分工、经济服务化与区域轮动战略研究 [J]. 商业研究，第 1 期.

[42] 胡军、向吉英，2002. 论我国劳动力供需结构失衡下的产业结构转换 [J]. 当代财经，第 12 期.

[43] 胡志军，2012. 基于分组数据的基尼系数估计与社会福利：1985-2009 年 [J]. 数量经济技术经济研究，第 9 期.

[44] 黄维海、袁连生，2014. 1982~2010 年人口受教育水平的增长与 GIS 空间分布特征 [J]. 人口学刊，第 5 期.

[45] 蒋殿春、张宇，2008. 经济转型与外商直接投资技术溢出效应 [J]. 经济研究，第 7 期.

[46] 金碚、吕铁、邓洲，2011. 中国工业结构转型升级：进展、问题与趋势 [J]. 中国工业经济，第 2 期.

[47] 金成武，2007. 离散分布收入数据基尼系数的矩阵向量形式及相关问题 [J]. 经济研究，第 4 期.

[48] 靳卫东，2010. 人力资本与产业结构转化的动态匹配效应——就业、增长和收入分配问题的评述 [J]. 经济评论，第 6 期.

[49] 景天魁，2010. 论中国社会政策成长的阶段 [J]. 江淮论坛，第 4 期.

[50] 劳动力供给变化趋势与实现更加充分就业问题研究课题组，2012. 我国劳动参与率变化分析 [J]. 中国劳动，第 1 期.

[51] 李春玲，2003. 中国当代中产阶层的构成及比例 [J]. 中国人口科学，第 6 期.

[52] 李春玲、李实，2008. 市场竞争还是性别歧视-收入性别差异扩大

趋势及其原因解释［J］.社会学研究,第2期.

［53］李克强、拱雪、鲍建樟、周亚,2007.人口教育状态演化方程及其对中国人力资本水平的预测［J］.北京师范大学学报(自然科学版),第2期.

［54］李实、〔日〕佐藤宏、〔加〕史泰丽,2013.中国收入差距变动分析——中国居民收入分配研究ⅳ［M］.北京:人民出版社.

［55］李实,2002.对基尼系数估算与分解的进一步说明——对陈宗胜教授评论的再答复［J］.经济研究,第5期.

［56］林毅夫,2003.后发优势与后发劣势——与杨小凯教授商榷［J］.经济学(季刊),第4期.

［57］林毅夫,2012a.新结构经济学:反思经济发展与政策的理论框架［M］.北京:北京大学出版社.

［58］林毅夫,2012b.繁荣的求索:发展中经济如何崛起［M］.北京:北京大学出版社.

［59］林毅夫,2012c.解读中国经济［M］.北京:北京大学出版社.

［60］林毅夫、陈斌开,2013.发展战略、产业结构与收入分配［J］.经济学(季刊),第4期.

［61］刘世锦、冯飞,2005年中国产业发展报告［M］.北京:华夏出版社.

［62］刘生龙,2008.教育和经验对中国居民收入的影响-基于分位数回归和审查分位数回归的实证研究［J］.数量经济技术经济研究,第4期.

［63］刘伟全、张宏,2008.FDI行业间技术溢出效应的实证研究——基于全球价值链的视角［J］.世界经济研究,第10期.

［64］刘志彪编著,2009.现代产业经济学［M］.北京:高等教育出版社.

［65］卢福财、罗瑞荣,2010.全球价值链分工条件下产业高度与人力资源的关系——以中国第二产业为例［J］.中国工业经济,第8期.

［66］罗楚亮,2007.城镇居民教育收益率及其分布特征［J］.经济研

究，第 6 期．

[67] 罗军，2008．产业结构与收入分配关系研究综述［J］．郑州大学学报（哲学社会科学版），第 3 期．

[68] 马洪、孙尚清主编，1985．经济与管理大辞典［Z］．北京：中国社会科学出版社．

[69] 蒲艳萍、陈娟，2008．转型期的产业结构变动与中国就业效应——面板数据的回归分析与协整检验［J］．重庆大学学报（社会科学版），第 1 期．

[70] 齐良书，2006．收入、收入不均与健康：城乡差异和职业地位的影响［J］．经济研究，第 11 期．

[71] 卿石松、郑加梅，2013．"同酬"还需"同工"：职位隔离对性别收入差距的作用［J］．经济学（季刊），第 2 期．

[72] 阮素梅、李志强、许启发，2014．基于分位数回归的工资收入差异及其影响因素分析［J］．经济问题，第 7 期．

[73] 苏东水主编，2000．产业经济学［M］．北京：高等教育出版社．

[74] 唐保庆，2009．生产者服务业 FDI 追逐制造业 FDI 吗？［J］．财贸研究，第 5 期．

[75] 唐东波，2012．中国的贸易开放、产业升级与就业结构研究［D］．复旦大学博士毕业论文．

[76] 田丰，2010．城市工人与农民工的收入差距研究［J］．社会学研究，第 2 期．

[77] 田士超、陆鸣，2007．教育对地区内收入差距的贡献：来自上海微观数据的考察［J］．南方经济，第 5 期．

[78] 王斌会编著，2014．多元统计分析及 R 语言建模［M］．广州：暨南大学出版社．

[79] 王红领、李稻葵、冯俊新，2006．FDI 与自主研发：基于行业数据的经验研究［J］．经济研究，第 2 期．

[80] 王云飞，2007．我国地区收入差距变化趋势——基于基尼系数分

解的分析 [J]. 山西财经大学学报, 第 8 期.

[81] 王志宝、孙铁山、李国平, 2013. 近 20 年来中国人口老龄化的区域差异及其演化 [J]. 人口研究, 第 1 期.

[82] 韦森, 2013. 探寻人类社会经济增长的内在机理与未来道路——评林毅夫教授的新结构经济学理论框架 [J]. 经济学（季刊）, 第 3 期.

[83] 巫锡炜, 2011. 中国城镇家庭户收入和财产不平等: 1995~2002 [J]. 人口研究, 第 6 期.

[84] 吴福象、朱蕾, 2014. 技术进步、结构转换与区域经济增长——基于全国、广东和江苏投入-产出表数据的实证研究 [J]. 上海经济研究, 第 1 期.

[85] 吴敬琏, 2006. 中国应当走一条什么样的工业化道路？[J]. 管理世界, 第 8 期.

[86] 吴愈晓, 2011. 劳动力市场分割、职业流动与城市劳动者经济地位获得的二元路径模式 [J]. 中国社会科学, 第 1 期.

[87] 吴愈晓、吴晓刚, 2009. 城镇的职业性别隔离与收入分层 [J]. 社会学研究, 第 4 期.

[88] 武力、温锐, 2006. 1949 年以来中国工业化的"轻、重"之辨 [J]. 经济研究, 第 9 期.

[89] 夏庆杰、李实、宋丽娜、Simon Appleton, 2012a. 国有单位工资结构及其就业规模变化的收入分配效应: 1988-2007 [J]. 经济研究, 第 6 期.

[90] 夏庆杰、宋丽娜、Simon Appleton, 2012b. 什么原因导致中国工资收入差距扩大？——来自反事实参数分解分析的证据 [J]. 社会科学战线, 第 1 期.

[91] 邢春冰, 2005. 不同所有制企业的工资决定机制考察 [J]. 经济研究, 第 6 期.

[92] 邢春冰, 2008. 分位回归、教育回报率与收入差距 [J]. 统计研

究，第 5 期．

［93］许启发、蒋翠侠、刘玉荣，2011. 收入增长、分配公平与贫困减少［J］．统计研究，第 7 期．

［94］薛欣欣，2009. 转型时期国有部门与非国有部门工资差异研究［J］．制度经济学研究，第 4 期．

［95］严英龙、陈在余，2004. 就业需求与工业化：一个新的分析框架［J］．南京农业大学学报（社会科学版），第 1 期．

［96］杨道兵、陆杰华，2006. 我国劳动力老化及其对社会经济发展影响的分析［J］．人口学刊，第 1 期．

［97］杨冬民、马鸿雁、潘圆圆，2008. 产业结构调整中的城市贫困人口致贫因素分析［J］．西安邮电学院学报，第 6 期．

［98］杨亮、杨胜利，2014. 上海市流动人口特征与区域经济发展关系研究［J］．人口与社会，第 1 期．

［99］杨爽、范秀荣，2010. 产业结构升级中的人力资本适配性分析［J］．生产力研究，第 4 期．

［100］杨治，1985. 产业经济学导论［M］．北京：中国人民大学出版社．

［101］尹志超、甘犁，2009. 公共部门和非公共部门工资差异的实证研究［J］．经济研究，第 4 期．

［102］余姗、樊秀峰，2014. 自主研发、外资进入与价值链升级［J］．广东财经大学学报，第 3 期．

［103］余央央、封进，2006. 收入差距与健康关系的研究评述［J］．经济学动态，第 7 期．

［104］原磊、王加胜，2011. 传统产业改造和先进制造业发展［J］．宏观经济研究，第 9 期．

［105］原毅军、刘浩、白楠，2009. 中国生产性服务业全要素生产率测度——基于非参数 Malmquist 指数方法的研究［J］．中国软科学，第 1 期．

［106］张诚、赵奇伟，2008. 中国服务业外商直接投资的区位选择因素

分析 [J]. 财经研究, 第 12 期.

[107] 张国强、温军、汤向俊, 2011. 中国人力资本、人力资本结构与产业结构升级 [J]. 中国人口·资源与环境, 第 101 期.

[108] 张车伟、薛欣欣, 2008. 国有部门与非国有部门工资差异及人力资本贡献 [J]. 经济研究, 第 4 期.

[109] 张军、刘晓峰, 2012. 工资与劳动生产率的关联: 模式与解释 [J]. 哈尔滨工业大学学报(社会科学版), 第 2 期.

[110] 张平、刘霞辉、王宏淼主笔, 2011. 中国经济增长前沿Ⅱ [M]. 北京: 中国社会科学出版社.

[111] 张群, 2011. 职业特征对中国城镇就业人员收入差别的影响(英文) [J]. 中国社会科学(英文版), 第 3 期.

[112] 张若雪, 2010. 人力资本、技术采用与产业结构升级 [J]. 财经科学, 第 2 期.

[113] 赵建军, 2005. 关于发展不同要素密集型产业的理论争论及其启示 [J]. 当代财经, 第 1 期.

[114] 中国经济增长前沿课题组, 2012. 中国经济长期增长路径、效率与潜在增长水平 [J]. 经济研究, 第 11 期.

[115] 中华人民共和国国家统计局编, 2013. 中国统计年鉴 (2013) [Z]. 北京: 中国统计出版社.

[116] 钟晓君、刘德学, 2013. 服务业 FDI、职工工资与行业收入差距——以广东为例 [J]. 国际经贸探索, 第 3 期.

[117] 周昌林、魏建良, 2007. 流动人口对城市产业结构升级影响的实证研究——以宁波市为例 [J]. 社会, 第 4 期.

[118] 周小刚、李丽清, 2012. 区域分割、职业背景、户籍特征与城市农民工收入水平差异分析——来自全国 106 个城市的证据 [J]. 软科学, 第 2 期.

[119] 周振华, 1991. 产业政策的经济理论系统分析 [M]. 北京: 中国人民大学出版社.

[120] 周振华, 2006. 全球化、全球城市网络与全球城市的逻辑关系 [J]. 社会科学, 第 10 期.

[121] 朱劲松、刘传江, 2006. 重新重工业化对我国就业的影响——基于技术中性理论与实证数据的分析 [J]. 数量经济技术经济研究, 第 12 期.

[122] 朱明春, 1990. 产业结构·机制·政策 [M]. 北京: 中国人民大学出版社.

[123] 朱平芳、徐大丰, 2007. 中国城市人力资本的估算 [J]. 经济研究, 第 9 期.

[124] 朱洵、周彦汐, 2013. 劳动力老化与产业结构调整——对"劳动力年龄-产业"双重结构的定量分析 [J]. 人口与经济, 第 3 期.

[125] 朱轶、熊思敏, 2009. 技术进步、产业结构变动对我国就业效应的经验研究 [J]. 数量经济技术经济研究, 第 5 期.

[126] 邹湘江, 2011. 基于"六普"数据的我国人口流动与分布分析 [J]. 人口与经济, 第 6 期.

[127] 左学金, 2012. 21 世纪中国人口再展望 [J]. 《北京大学学报(哲学社会科学版)》, 第 5 期.

[128] Becker, G. S., 1964. Human Capital [M]. New York: Columbia University Press.

[129] Blumberg, P., 1981. Inequality in an Age of Decline [M]. New York: Oxford University Press.

[130] Chenery, H., Robinson, S., and M. Syrquin, 1986. Industrialization and Growth: A Comparative Study [M]. London: Oxford University Press.

[131] Clark, C., 1940. The Conditions of Economic Progress [M]. London: Macmillan Press.

[132] Fainstein, S., I. Gordon, and M. Harloe, 1992. Divided Cities: Economic Restructuring and Social Change in London and New York

[M]. New York: Blackwell Press.

[133] Firpo, S., N. Fortin, and T. Lemieux, 2007. Decomposing Wage Distributions Using Recentered Influence Function Regressions [M]. Rio de Janeiro: Mimeo, Department of Economics, University of PUC-RIO.

[134] Fisher, A. G. B., 1935. The Clash of Progress and Security [M]. London: Macmillan Press.

[135] Friedmann, J., 1986. The World City Hypothesis [J]. Development and Change, 17 (1).

[136] Glickman, N. J., and A. K. Glasmeier, 1989. The International Economy and the American South [A]. Edited by L. Rodwin and H. Sazanami, Deindustrialization and Regional Economic Transformation: The Experience of the United States [C]. Winchester, MA: Unwin Hyman.

[137] Harrison, B., and B. Bluestone, 1988. The Great U-Turn [M]. New York: Basic Books Press.

[138] Harvey Leibenstein, 1957. The Theory of Underemployment in Backward Economies [J]. Journal of Political Economy, 65 (2).

[139] Hausmann, Ricardo, Jason Hwang, and Dani Rodrik. 2007. What You Export Matters [J]. Journal of Economic Growth, 12 (1).

[140] John H. Moore. 1978, A Measure of Structural Change in Output [J]. The Review of Income and Wealth, 24 (1).

[141] Koenker, R., 2005. Regression Quantiles [M]. New York: CUP Press.

[142] Koenker, R., and G. Bassett, 1978. Regression Quantiles [J]. Econometrica, 46 (1).

[143] Koenker, R., and G. Bassett, 1982. Robust Tests for Heteroscedasticity Based on Regression Quantiles [J]. Econometrica, 50.

[144] Lloyd R., 2005. Neo-Bohemia: Art and Commerce in the Postindustrial City [M]. New York; London: Routledge Press.

[145] Machado, J., and Mata, J., 2005. Counterfactual Decomposition of Changes in Wage Distributions Using Quantile Regression [J]. Journal of Applied Econometrics, 20 (4).

[146] Massey D., 1984. Spatial Divisions of Labour: Social Structures and the Geography of Production [M]. London: Macmillan Press.

[147] Meng, X., 2000. Labour Market Reform in China [M]. London: Cambridge University Press.

[148] Michael E. Porter, 1990. The Competitive Advantage of Nations [M]. New York: Free Press.

[149] Mincer, J., 1973/1993. Schooling Experience and Earnings [M]. New York: Columbia University Press, and then New York: Gregg Revivals.

[150] Mishel, L., 2004. Unfettered Markets, Income Inequality, and Religious Values [M]. Washington, D. C: Economic Policy Institute.

[151] Nelson, J. I., and J. Lorence, 1985. Employment in Service Activities and Inequality in Metropolitan Areas [J]. Urban Affairs Quarterly, 21 (1).

[152] Ranadev Banerji. 1975. Exports of Manufactures from India: An Appraisal of the Emerging Pattern [M]. Tubingen: Mohr Siebeck.

[153] Ranis, G., and J. C. H. Fei, 1961. A Theory of Economic Development [J]. The American Economic Review, 51 (4).

[154] Robert Lucas. 1988. On the Mechanics of Economic Development [J]. Journal of Monetary Economics, 22.

[155] Ross, R., and K. Trachte, 1983. Global Cities and Global Classes: The Peripheralization of Labor in New York City [J]. Review, 6 (3).

[156] Sassen Saskia, 1991. The Global City: New York, London, Tokyo [M]. Princeton: Princeton University Press.

[157] Sassen Saskia. 2012. Cities in a World Economy [M]. Thousand Oaks, CA: Sage/Pine Forge Press.

[158] Schultz, T. W., 1961. Investment in Human Capital [J]. American Economic Review, 51.

[159] Scott, A. J., and M. Storper, 1986. Production Work Territory [M]. Boston, MA: Allen and Unwin Press.

[160] Sheets, R. G., S. Nord, and J. J. Phelps, 1987. The Impact of Service Industries on Underemployment in Metropolitan Economies [M]. Lexington, MA: D. C. Heath Press.

[161] Sonobe, M., 1993. Spatial Dimension of Social Segregation in Tokyo: Some Remarks in Comparison with London [Z]. Paper presented at the meeting of the Global City Project, Social Science Research Council [C], New York, March 9-11.

[162] Stanback, T. M., and T. J. Noyelle, 1982. Cities in Transition: Changing Job Structures in Atlanta, Denver, Buffalo, Phoenix, Columbus (Ohio), Nashville, Charlotte [Z]. Montclair, NJ: Allanheld, Osmun.

[163] Zukin, S., 2005. Point of Purchase: How Shopping Changed American Culture [M]. New York: Routledge Press.

致　谢

春华秋实，时光荏苒。即将合卷停笔之际，回首往昔，深感岁月之流转无声却厚重。从初入上海社会科学院攻读硕士学位至博士毕业，历经七载春秋。这七年见证了我从青涩求知到沉稳笃行的成长，也铭刻了我与这片学术园地之间深厚的情感。小小的院落，迎送往来学人无数，而晨昏交替光影之下，最难消忆的，是我对这座学术殿堂的深情与敬仰。

在这段求索之路上，首先要向我的三位导师表达最诚挚的感激之情：博士阶段导师左学金研究员、沈开艳研究员，以及硕士阶段导师杨宇立研究员。三位恩师不仅在学术上倾囊相授、严格要求，更以身作则，展现了中国传统文化中师道尊严与诲人不倦的精神风范。他们的教诲不仅塑造了我的学术思维，也深刻影响了我的治学态度和人格修养。

此外，衷心感谢上海社会科学院的袁恩桢研究员、王战研究员、权衡研究员、朱平芳研究员、李正图研究员、闫彦明研究员、沈桂龙研究员、陈维研究员、钟祥财研究员、韩汉君研究员、徐美芳研究员、莫兰琼研究员、刘社建研究员、黄复兴研究员、韩冰研究员等师长，以及院外的周振华研究员、马立行研究员、陈宪研究员、蒋慧工研究员等。在学术求索的过程中，诸位师长的言传身教，使我得以在治学道路上不断砥砺前行。他们的指导与关怀，将成为我未来研究生涯中弥足珍贵的精神财富。

学术之途漫漫，同行者尤为珍贵。七载寒暑，同窗情谊愈加深厚。尽管如今大家已各自踏上新的征程，但求知路上的并肩同行，将成为我一生铭记的珍贵回忆。在此，衷心祝愿诸位同学——上海社科院 2008 级全体硕士同学，以及博士阶段的钱洁、姚磊、罗海蓉、胡德勤、王玉玲、虞坷、窦争艳，还有王美凤、张莹莹、许平、王永华、黎峰、郭进、胡大龙、胡华杰、陈庆、邓志超、薛安伟等——在各自的领域中事业有成，成为社会栋梁，并愿大家一生平安顺遂。他们的陪伴与鼓励，如同春日烟火，虽短暂却璀璨，已深深镌刻于我的记忆之中。

最后，最深的感激与思念，献给至亲至爱之人。时光流转，于这几年间，我经历了婚姻的喜悦，也承受了失亲的悲痛。生命的轮回让我更加深刻地理解了爱的本质——无私与奉献。小菠萝与小核桃的到来，让我更加珍惜可贵的亲情。父亲的离开，使我深悟"尽孝不可待"之理。知行合一，未来的岁月里，我将更加努力，以学术为志业，为社会贡献绵薄之力，同时亦愈加珍视亲情，为家人创造幸福美满的生活。

谨以此铭记这段求索岁月，感恩所有给予我支持与帮助的人。

图书在版编目(CIP)数据

产业结构转型升级：如何影响就业结构和收入分配 /
马小强著 . --北京：社会科学文献出版社，2025.3（2025.9重印）.
ISBN 978-7-5228-5135-8

Ⅰ.F269.24

中国国家版本馆 CIP 数据核字第 20255CJ464 号

产业结构转型升级：如何影响就业结构和收入分配

著　　者 / 马小强

出 版 人 / 冀祥德
责任编辑 / 陈凤玲　武广汉
责任印制 / 岳　阳

出　　版 / 社会科学文献出版社・经济与管理分社（010）59367226
　　　　　 地址：北京市北三环中路甲 29 号院华龙大厦　邮编：100029
　　　　　 网址：www.ssap.com.cn

发　　行 / 社会科学文献出版社（010）59367028
印　　装 / 唐山玺诚印务有限公司

规　　格 / 开　本：787mm×1092mm　1/16
　　　　　 印　张：13　字　数：185 千字
版　　次 / 2025 年 3 月第 1 版　2025 年 9 月第 2 次印刷
书　　号 / ISBN 978-7-5228-5135-8
定　　价 / 128.00 元

读者服务电话：4008918866

▲ 版权所有 翻印必究